わたしは10歳、本を知らずに育ったの。

公益社団法人シャンティ国際ボランティア会―編
鈴木晶子＋山本英里＋三宅隆史―著

アジアの子どもたちに
届けられた
27万冊の本

JN147509

合同出版

「ぼくは図書館が大好きだ」

ぼくは毎日学校に行かなきゃならない
先生にはときどきしかられるし
たたかれることもある
学校に穴のあいた服を着て行って
友だちに笑われることもある
図書館の本はぼくをしかったり
たたいたりしない
穴があいている服を着ていたって
ぼくを笑ったりもしない
こんな図書館がぼくは大好きだ

カレン族のエブトゥルくん（10歳）

この本を読まれるみなさんへ

みなさんには、大好きな本がありますか。
悲しいときに読むと、心がすこしあたたかくなる本。
うれしいときに読むと、笑顔があふれる本。
知らなかったことを、そっと教えてくれる本。
生きることの大切さを教えてくれる本。
本は、生きる力を与えてくれます。
わたしたちは、本を開くことは、
未来を開くことだと考えています。

世界には、本を読むことができない子どもたちがたくさんいます。
アジアにも学校に通えなかったために読み書きができず、本の世界と無縁の人びとがたくさんいます。さまざまな本に出会い、それを自由に読むことは、すべての人に平等に与えられた権利です。

今年で36年になりますが、わたしたちの会はアジアの子どもたちが、本の世界を知り、今と未来に希望をもって生きていくために、各国*で読書推進や図書館をつくる活動を、現地の人びとと一緒にすすめています。また、くわしいことはこの本の中で紹介しますが、毎年・毎年、日本国内のみなさんの協力でたくさんの翻訳絵本*をアジアの国ぐにに届けています。

わたしたちは、図書館づくりや本を届ける活動を通じてたくさんのアジアの子どもたちと知り合っていますが、もっともっとアジアの国ぐにの歴史や今の様子を知る必要があると思っています。お互いのことを知って、はじめて仲よくなり、助け合うことができます。

この本で紹介する話は、すべてわたしたちが会の活動を通じて知ったことです。ゴミの山から「宝もの」を集めて暮らしている子どものことや、スラムに暮らして学校に通えない子ども、日本にはない難民キャンプで暮らしている子どもなど、はじめて聞くことがたくさん書いてあると思います。疑問に思ったことや、わからないことが出てきたら、図書館で関連の本を探して調べてみたり、学校の先生に聞いたりして知識を広めてください。

公益社団法人シャンティ国際ボランティア会　鈴木晶子＋山本英里＋三宅隆史

＊シャンティが活動している国：カンボジア、ラオス、ミャンマー、ミャンマー（ビルマ）難民キャンプ、アフガニスタン、ネパール、タイ。各国に現地事務所があり、東京に本部がある。12ページ参照。

＊翻訳絵本：119ページ参照。

《子どもたちからのメッセージ》

では、はじめに4人の子どもたちのメッセージを紹介しましょう。大好きな絵本を読んだ子どもたちからの手紙です。

■レッ・ホウル（カンボジア、13歳、小学校5年生）

お父さんは小さいときに亡くなったので、今はお母さんと5人のきょうだいと一緒に暮らしています。

休み時間になると、友だちと縄跳びしたり、学校図書室に行って本を読んでいます。好きな絵本は『アンコールワットへ行こう』です。アンコールワットの絵を見ながら、いつか行ってみたいなって思っています。将来は先生になって、たくさんの知識を子どもたちに教えたいです。

■ニュット（ラオス、24歳だけど小学校4年生）

ぼくは、ビエンチャンからバスで15時間のウドムサイ県の村に生まれま

シャンティがカンボジアで出版した絵本『アンコールワットへ行こう』をもつレッ・ホウルちゃん

ニュットさん（中央、障がい者の施設で）

した。生まれたときから目が見えません。

2年前、ビエンチャンの障がい者の施設に来るまでは、外に出たことがなく、ずっと家の中で座っていました。目が見えないので絵本がどういうものかわからないけど、先生が読んでくれるお話は全部好きです。お話は、いろいろな人のこと、ほかの国のこと、さまざまな生きもののことなど、ぼくの知らないことをたくさん教えてくれます。

■バクミナ（アフガニスタン、8歳）

図書館は、学校の代わりです。お父さんが病気で亡くなり、家の手伝いをするため、学校に行けなくなりました。しばらくして学校に行ったら、先生に「名簿に名前がないから来てはいけない」といわれました。

図書館ではお話を習ったり、詩を読んだりするのが大好きです。字をもっと書けるようになりたいです。図書館で新しい友だちができました。学校に行っていない子もいて、わたしだけじゃないんだ、と安心しました。絵本で一番好きなのは、きょうだいがけんかするけど、後で仲直りする『ライラとグルラング』です。

アフガニスタンの少女バクミナちゃん

■モリチャ（ミャンマー〔ビルマ〕難民キャンプ、8歳、小学2年生）

ぼくが好きな絵本は、『しょうぼうじどうしゃじぷた』（福音館書店）です。「じぷた」は赤くて、役に立って、かっこいいんです。いつか車に乗って、学校や家のまわりだけじゃなくて、難民キャンプ中を走ってみたいです。きっとおもしろいと思います。

みんな外国に行きたいっていうけど、家族も友だちもいるし、学校も図書館もあるから、ぼくはここが好きです。大人になったら「じぷた」のような車を運転したいです。難民キャンプの中をあちこち車で回ってみるのがぼくの夢です。

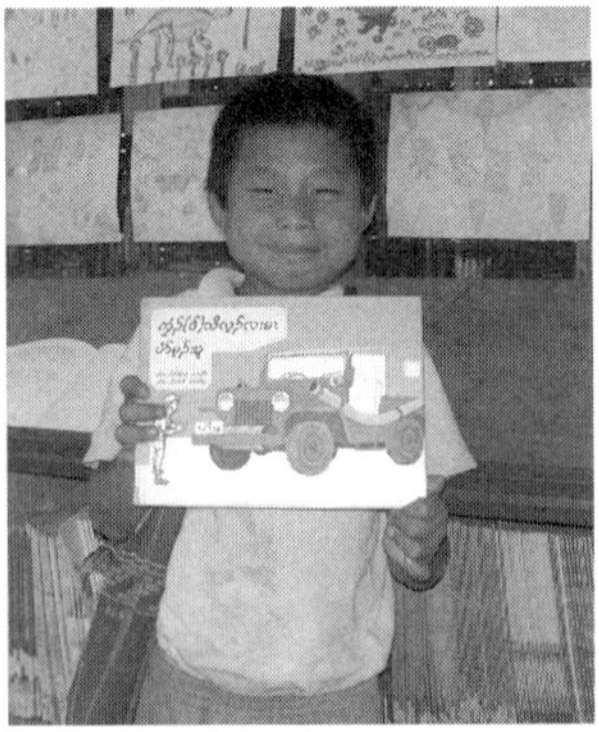

ミャンマー（ビルマ）難民キャンプに暮らすモリチャくん

写真提供：川畑嘉文、公益社団法人シャンティ国際ボランティア会
イラスト：アジアの図書館の子どもたち
組版・図版：昆みどり
装　　幀：六月舎＋守谷義明

■この本に出てくる国と地域

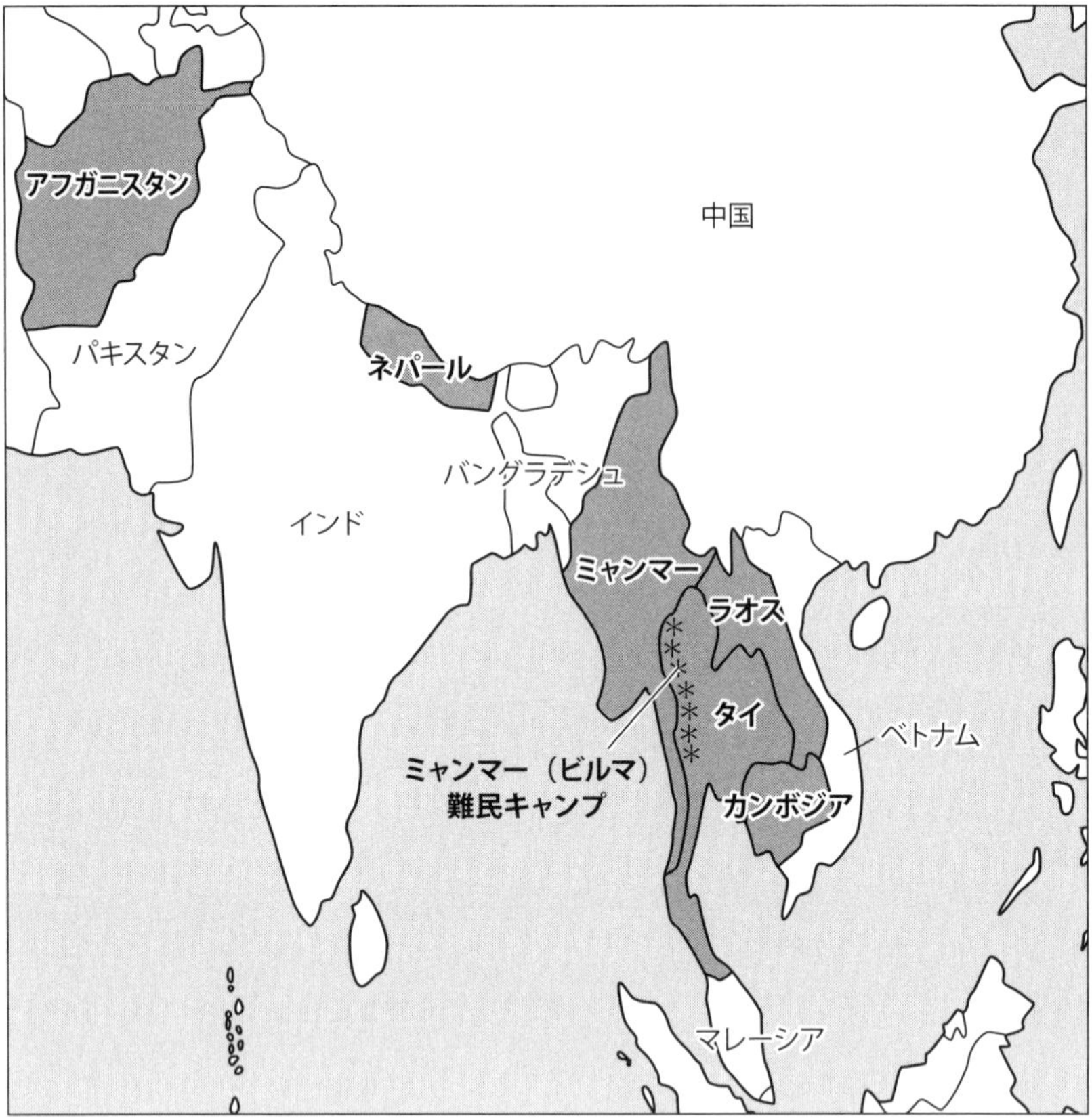

第1章

なぜ、わたしは学校に行けないの？

大虐殺をくぐり抜けてきた国・カンボジア

12ページの地図を見てください。東南アジアの最貧国の1つといわれるカンボジア*は、ベトナム、ラオス、タイと国境を接している国です。人口は約1300万人の小国で、その80%以上が昔からのやり方の農業で生計をたてています。今はアジアの国の中でもっとも貧しい国の1つといわれていますが、アンコールワット遺跡で知られるように古代にはとても文明が盛えた地域でした。

この国ではとても不幸な出来事がありました。ポル・ポト政権*下にあった1975年から1979年のあいだに、カンボジアの社会は徹底的に破壊されたのです。それまで国を運営していた政治家、公務員、学者・研究者、技術者などがとらえられて殺されてしまいました。

とりわけ、学校の先生、芸術家、宗教関係者、ポル・ポト政権に反対する市民活動家が強制収容所に送られ、大部分が虐殺されました。幼稚園から大学までのあらゆる教育施設が破壊されてしまったのです。

＊カンボジア：カンボジア王国。立憲君主制の国。1953年にフランスから独立。**1970年** ロン・ノル将軍がクーデターで国王を追放し、クメール共和国に。**1975年** ポル・ポト書記長が率いるクメール・ルージュがクメール共和国を打倒し、民主カンプチアを樹立（〜1979年まで）。クメール・ルージュ政権が崩壊するまでの間に虐殺された人は100万人とも200万人ともいわれるが、その実数はいまだにわからない。**1979年** カンプチア人民共和国が成立するが、ベトナムがカンボジアに侵攻し、内戦がつづいた。**1989年** ベトナム軍が撤退しパリ和平協定が締結（1991年）。**1993年** 新憲法を発布し立憲君主制を採択。

＊ポル・ポト政権：1975年、ポル・ポト書記長が率いるクメール・ルージュがクメール共和国を打倒し、民主カンプチアを樹立。4年後の1979年には政権が崩壊。

ポル・ポト政権がなぜ権力をにぎり、１００万人以上の国民を大虐殺したのかは、ぜひ図書館などで関連の本を見つけて読んでみてください。虐殺事件をテーマにした映画もつくられています。

じつは、40年以上も前に起こったこの悲劇が今なお、カンボジアの子どもたちを苦しめているのです。

スラムで暮らすピア・ヤジャちゃん

カンボジアの首都プノンペンから車で30分ほどのところにアンロンカガン地区があります。首都の大きなスラムを追い出され、ここに移転させられた人たちが暮らす地域です。

ピア・ヤジャちゃん（13歳）は、おじいちゃんとおばあちゃん、３人の親せきの子どもたちと６人で暮らしています。ヤジャちゃんは、ものごころがついたときから両親に会ったことがありません。

毎朝６時、ヤジャちゃんの１日は、お弁当づくりからはじまります。お弁当づくりのあとは、洗濯と食器洗いです。洗濯機はないので、６人分のよごれも

おじいさんとヤジャちゃん

のを手で洗います。簡単な朝ごはんを食べると、おじいちゃんと一緒に川や森に魚や果物をとりに行きます。魚のとり方や町での果物の見分け方は、おじいちゃんが教えてくれました。森でお昼のお弁当を食べると、とった魚や果物を町に売りに行きます。市場で売るときもあれば、自転車に乗って家々を回って売ることもあります。全部売れるまで家には帰りません。

このような毎日を送っているので、ヤジャちゃんは学校に通っていません。ヤジャちゃんが暮らしている地区では、多くの子どもが小学校・中学校に途中までしか行っていません。

「友だちと一緒に遊んでいるときがとても楽しいの」とヤジャちゃんは話します。「それ以外はどんなときが楽しいの?」と聞くと、「犬と遊んでいるときが一番楽しい」といいました。ヤジャちゃんは2匹の犬ときょうだいのように笑顔でじゃれあっています。

ヤジャちゃんは、小学校4年生まで学校に通っていました。でも、学校に行くには、先生にお金を渡さなければなりません。毎日1000リエル*ほどのお金ですが、払わないと外に立たされて授業を受けられません。30円ほどのお金ですが、おじいちゃん、おばあちゃんに苦労をかけたくないと思い、学校をや

朝、川でヤジャちゃんがとってきた魚

とってきた魚や果物を自転車のかごに入れて売るヤジャちゃん

＊リエル：カンボジアの通貨。1リエル＝約0・027円。

めてしまいました。

おじいちゃんとおばあちゃんは学校に行ってほしいと伝えましたが、お金のことを話したら、黙ってしまいました。今、ヤジャちゃんは「自分の名前は書けるけど、それ以外は忘れちゃった」とはずかしそうにいいます。

ヤジャちゃんの夢は、プノンペンに出て縫製《ほうせい》工場で働くことです。「縫製工場は18歳からしか働けないので、18歳になったら働きたいの。でも試験があると聞いているので、合格できるのか不安。だって、学校で習ったことも忘れちゃったから。もしも合格できたらたくさんお金をもらえるから、早く働きたいの」とヤジャちゃんは話します。

13歳のヤジャちゃんは、これからどうしたらよいのでしょうか？　ヤジャちゃんのまわりにいるわたしたちには、なにができるのでしょうか？

ゴミの山でお金を稼ぐリナくん

ハック・リナくん（14歳）は、両親と3人の兄弟と一緒に、カンボジアの首都プノンペンにあるスラムで暮らしています。このスラムにはゴミ集積所*が

カンボジアのスラムで暮らすヤジャちゃん

***ゴミ集積所**：ゴミを捨てる場所。ゴミの中からお金になるものを集める人を英語でウェイスト・ピッカー、スカベンジャーとも呼ぶ。途上国ではゴミは分別処理しないまま郊外に運ばれ、そのまま捨てられるためゴミの山にはお金になるものが混ざっている。ゴミの山はフィリピンのスモーキー・マウンテン（1995年閉鎖）が有名。

あって、スラムの住民の多くがゴミの中からリサイクルできるものを集めて、それを売ってお金を得ています。

ゴミの山はリサイクル品が埋まった「宝の山」ですが、ゴミが自然発火して燃えると*、そのけむりがスラムに流れ込みます。有害な物質を含むけむりは洗濯物にいやなにおいがこびりつくだけではなく、気管支炎やぜんそくなどの病気の原因になります。

リナくんのお父さんは、プノンペンでバイクタクシー*の運転手をしています。夜中に働いているので、日中は家で寝ています。リナくんは、小学校2年生まで学校に通っていました。ある日、両親から学校をやめて働けといわれました。学校が好きだったので、心の中ではやめたくなかったけど、家にお金がないことは、わかっていました。でも、クメール語*の授業が一番好きでしたし、仲のよい友だちもたくさんいました。

小学校2年生のリナくんが学校の代わりに行った先は、あのゴミの山でした。両親が働いてくれといったのは、ゴミの山から売れるものを探して、お金に換えて、生活費の足しにしてくれということでした。

リナくんは毎朝5時に起きて、まずはゴミ集積所に直行します。ゴミの中か

ハック・リナくん

＊燃えるゴミの山：スモーキー・マウンテン（煙を吐く山）とも呼ばれる。プラスチック類などが燃えることでけむりには有害物質が含まれ、周辺住民の健康に悪影響を与えている。

＊バイクタクシー：オートバイで客を運ぶタクシー。東南アジアで広く使われている。

＊クメール語：カンボジア語。カンボジアの約9割を占めるクメール人が話すカンボジアの国語（公用語）。世界遺産のアンコールワットに代表されるクメール文化は、12世紀前半のアンコール朝時代に確立された。

ゴミ集積所で働く子ども。ゴミの中から売れる「宝」を探す（カンボジア・プノンペン）

ら売るとお金になるペットボトルやプラスチック、金属の破片を集めます。大きな袋に「宝もの」がたまったら、近くの屋台で朝ごはんを食べます。食べ終わったら、すぐにゴミの山にもどり、お昼までまたゴミの山で仕事をします。お昼は、家に帰ってお母さんがつくっておいてくれたごはんを1人で食べます。

お昼ごはんを食べ終わると、家にいます。ゴミを捨てにくる車がいつ来るかわからないので、家で待っていて、エンジン音がしたらゴミの山にまっさきに走っていきます。新しいゴミに「宝もの」がたくさん入っているのはご想像の通りです。トラックを待っているあいだものんびりしているわけではありません。お母さんをすこしでも楽にするために洗濯と掃除のお手伝いをします。

夕方5時になると、集めた「宝もの」をいつもの買いとり業者のところにもっていって、お金に換えて家に帰ります。1日の稼ぎは3000リエル～4000リエル（81円～108円）ほどです。そのうち、1000リエル（27円）はリナくんのおこづかいで、残りはお母さんに渡します。

「どんなときが楽しいの?」と聞くと「友だちとサッカーしているとき」とはにかみながら答えてくれました。「でも、友だちが学校に通っているのをみ

プノンペンのスラム

カンボジアのスラム

るとともうらやましい。やっぱりぼくは勉強がしたい」とリナくんは話していました。しばらくしてリナくんに会って聞くと、両親に話して、「来月からNGOが運営している教室*に通えることになった」と、うれしそうに話してくれました。最低でも、クメール語（母国語）の勉強をして、読み書きできるようになり、学びつづけられることがリナくんの将来をすこし明るいものにすると思います。

農村で暮らすチュン・ラタナちゃん

チュン・ラタナちゃん（14歳）は、カンボジアのコンポントム州で暮らしています。コンポントム州は、首都のプノンペンから車で3時間走ったところにある農村地帯です。人口の9割が農民という農村で、カシューナッツの畑が広がっています。

カンボジアは、1975年から1979年にポル・ポト政権による独裁でたくさんの人びとが殺されたばかりではなく、その後も1989年まで内戦*がつづきました。内戦は、同じ国の国民が国内で戦うことですが、カンボジアの内

*フランスの団体が運営している。費用は無料。

カンボジアの少女チュン・ラタナちゃん

***内戦状態**：1979年、ポル・ポト政権の民主カンプチアが崩壊し、親ベトナム派のヘン・サムリンを首班とするカンプチア人民共和国が成立。ベトナム軍がカンボジアに侵入したことをきっかけに中国がベトナムに侵攻し、中越戦争が勃発。ポル・ポト派の残党、ベトナム軍のヘン・サムリン派との間で内戦がつづいた。1989年、ベトナム軍が撤退しパリ和平協定が締結（1991年）。

戦では、ポル・ポト政権の残党、隣国ベトナムに支援された勢力、ベトナム正規軍が三《み》つ巴《どもえ》になって、カンボジア国内で軍事衝突をくり返したのです。

この間、村人たちは逃げまわり、子どもたちは学校に行くことができませんでした。今から40年も前のことですが、今でも30代以上の人には読み書きができない人がとても多いのです。また、農村地帯や森林地帯には、大量の地雷が埋められ、たくさんの住民が命を奪われたり、障がい者になりました。

さて、ラタナちゃんの家は弟（12歳）と妹（10歳）、両親の5人家族で、お米をつくっている農家です。14歳のラタナちゃんは、毎朝4時には起きて、野菜畑に水をやり、掃除、洗濯、料理をします。家の手伝いが終わると、家の前でかき氷を売ります。かき氷は1個５００リエル（14円くらい）で、１日20個ほど売れます。氷やシロップの仕入れ費用があるので、全部が手元に残るわけではありませんが、ラタナちゃんが稼ぐ２７０円*ほどのお金も家計を支えています。かき氷売りが終わると、今度はお母さんの代わりに夕食の準備にとりかかります。

ラタナちゃんは、小学校4年生の1学期で学校をやめてしまいました。親から「学費を払えないし、家のことを手伝え」といわれたのです。学校に行くた

カンボジアの農村。豊かな自然が広がる

＊村の屋台で昼ごはんを食べると、３０００リエルから５０００リエル（80円から１３５円）で、ラタナちゃんは2食分を自分で稼いでいる。

めには、学費や制服、ノートやえんぴつが必要です。補習クラスを受けないと授業を受けさせてくれない先生もいました。この補習クラスを受けるには、学費とは別に、補習クラス費をその日にもっていかなければなりませんでした。

学校をやめて、一番つらかったのは、友だちに会えなくなったことだといいます。12歳の弟はお寺に預けられているので、一緒には暮らしていません。お寺に預けられると、食事には困らず、勉強も教えてもらえます。妹は小学校2年生で学校に通っています。

カンボジアには雨季と乾季があり、ラタナちゃんの家のようにお米をつくっている農家は、雨季には農作業をして収穫がありますが、6カ月間はつづく乾季になると売る農作物がなくなり、現金収入がなくなってしまいます。そのため、乾季には家族の中で働ける人が首都のプノンペンや隣国のタイに出稼ぎに行きます。大人たちがみんな都会に出稼ぎに行ってしまって、子どもたちだけが残されてしまう家もあるのです。

小学校4年生の1学期で学校をやめてしまったラタナちゃんは、かき氷がいっぺんにたくさん売れるときは、もらうお金やおつりの計算に困ってしまいます。だれも足し算、引き算の計算を教えてくれないので、このまま大人に

■タイのスラムに暮らすカンボジア人のナーンさん（18歳）
バンコクの図書館でスタッフに本を読んでもらうナーンさん。ナーンさんのようにタイに出稼ぎに来てスラムに住むカンボジア人やミャンマー人が増えています。タイに出稼ぎに来る人びとは読み書きができない人が多く、タイの言葉を学ぶ機会も限られています。

なって計算ができないままなのは、不安でしかたありません。

山岳の国・ラオスに暮らす子どもたち

ここまで、カンボジアに暮らしている3人の暮らしぶりを紹介してきましたが、こんどはカンボジアの隣国、ラオスの子どもを紹介してみたいと思います。

12ページの地図を見てください。カンボジアの北側にあるラオスは、国土の70%が高原や山岳地域で、49の民族*がそれぞれ地域に分散して暮らしています。少数民族が独自の言語*を話し、独特の文化をもっています。こうした多種多様な少数民族で成り立っている国を《モザイク国家*》といいますが、じつはアジアにはこうした多民族国家が多いのです。多くの民族が集まって1つの国家が成り立っていることから、さまざまな問題が起こってきました。

＊ラオスの3大民族：ラオ族、モン族、カム族。ラオスの民族は、居住地（標高）によって、カオ・ルム（低地ラオ）、ラオ・トゥン（丘陵地ラオ）、ラオ・スーン（高地ラオ）の3種にわけられる。北部ラオスでは、ラオ・トゥン（丘陵地ラオ）のほとんどがカム族で、カム族はタイ、中国の雲南省（クム人と呼ばれる）にもいる。

＊少数民族の言語：ラオスには81の言語があるとされる。公用語はラオ族が話すラオ語（ラオス語）。

＊モザイク国家：モザイクのようにさまざまな人種・民族または宗教をもつ集団が入り交じって溶け合わない状態の国家のこと。

中学校に行きたいメイクちゃん

メイクちゃん（11歳）は、ビエンカム郡の山岳地帯のジョンタイ村で暮らしているカム族の少女です。ラオス３大民族の１つであるカム族は、標高でいうと山岳地帯の中腹（丘陵地帯）に住んでいる人びとで、カム語という独自の言語を話し、山の斜面を切り開いて畑にして、米や野菜をつくっています。

メイクちゃんは、両親とお兄さん、２人のお姉さん、弟（８歳）の７人家族です。お兄さんは結婚して家を出ています。両親は、２人のお姉さんと弟を連れて別の郡のバナナ農園に出稼ぎに行ってしまって、家には年に３回ほどしか帰ってきません。農家といっても狭い畑しかもっていないので、土地を借りるか、出稼ぎに行くしかないのです。メイクちゃんはひとりぼっちになってしまったので、結婚したお兄さん夫婦と暮らしています。

お兄さん夫婦には男の子（３歳）がいて、お兄さんとお嫁さんは山の畑でお米をつくっているので、日中２人が畑に行っているあいだは、メイクちゃんが３歳の子の世話と、家事をしています。

ジョンタイ村

ラオスの基礎教育は小学校5年生までで、メイクちゃんは小学校5年生までは学校に通いましたが、中学校には進学しませんでした。中学に行かなかったのは、メイクちゃんだけではありません。村の小学校には31人の同級生がいましたが、中学校に進学したのはたった2人だけでした。

メイクちゃんは、中学に行きたいと両親に頼みましたが、村には中学校がありません。中学校があるビエンカムの町までは、いくつもの山を越えて通わなければなりません。車でも1時間ほどかかりますが、自家用車をもっているわけではありません。車があったとしても、6カ月もある雨季にはがけ崩れで通行止めになってしまいます。

中学校に通うには町に下宿しなければなりませんが、下宿代や学費を仕送りすることができない、と両親が許してくれません。お父さんは小学校を卒業していましたが、お母さんは小学校に通ったことがありません。

メイクちゃんは、「勉強をつづけて先生になりたいの。先生になったら、自分の村で教え、ほかの町にも行ってみたいの。でも、お兄さんの家の手伝いをしていては、ほかの仕事が見つからないし……。10年後のことは想像もできないの。不安でいっぱい……」と、すこしさみしそうな表情を見せました。

さまざまな少数民族が暮らすラオス山岳地域

メイクちゃんの家は農家といっても土地を所有しているわけではありません。* 農家は村から農地を借りて農業をしていますが、月に150円ほどの使用料を払わなければなりません。現金収入がほとんどない村では、この土地代を払うだけでも大変なのです。子どもたちも森からタケノコなどをとってきて、市場で売って家計を助けることもあります。

小学校を途中でやめてしまったり、中学校で公用語であるラオス語を学べない子どもたちは、村から外の社会に出ていくと、仕事探しなどで大きな壁にぶつかります。メイクちゃんの村の小学校の先生は、「3年間この村で教員をしていますが、卒業した90人のうちの、5人しか中学校に進学していません。この子たちの将来がとても心配です」と話しています。11歳のメイクちゃんが3歳の子の世話と家事から解放されて、自分の夢に向かって勉強を再開できるのはいつのことになるのでしょう。

カム族の少女メイクちゃん

＊ラオスは社会主義国家で、土地は国が所有している。村人が農地を借りる場合、使用料を村に払う。自分では土地をもたない「小作人」といわれる農民である。

50年以上つづいたミャンマーの軍事政権

ミャンマー*と聞いてみなさんが知っている名前は、おそらくアウン・サン・スー・チー*だと思います。あるいは第2次世界大戦前の日本軍のアジア侵略の歴史に関心をもっている人は、『ビルマの竪琴*』の水島上等兵の名前を思い出すかもしれません。

これもぜひ、関連の本で調べてほしいのですが、中国大陸から石油などの資源を求めて南下した日本軍は、ビルマを軍事占領しています。その意味では、日本とビルマは戦前からとても深い関係にあるのです。

アウン・サン・スー・チーの父でありビルマの軍人でもあったアウン・サン（1915年～1947年）は、独立義勇軍を率いてイギリス軍、後には日本軍と戦い、ビルマを独立*に導いた「ビルマ建国の父」といわれる伝説の人物です。志半ばで政敵に暗殺された悲劇もあり、今でも国民的英雄として尊敬されています。アウン・サン・スー・チーが、政治家として長いあいだ、ミャンマーの軍事政権と闘ってきた背景に偉大な父親の存在があったことはいうまで

＊ミャンマーとビルマ：1989年6月、ビルマの軍事政権は国名をミャンマーに改称。この本では1989年以前のことをビルマ、現在の国名はミャンマー、タイ国境の難民キャンプのことは、ミャンマー（ビルマ）と表記。

＊アウン・サン・スー・チー：1945生まれ。政治家。1988年、国民民主連盟（NLD）の結党に参加。現中央執行委員会議長。2016年、新政権発足で外相、大統領府相、国家顧問。

©Cloude TRUONG-NGOC

＊『ビルマの竪琴』：竹山道雄が1947年に発表した児童向け小説。第2次大戦でのビルマの日本軍の最後が描かれている。

＊ビルマ独立：1943年、イギリス軍を打ち破ってビルマ国が建国された。

もありません。

　第2次世界大戦の終結をきっかけにイギリス、日本の支配から独立したビルマですが、２０１５年の総選挙でアウン・サン・スー・チー率いる国民民主連盟（ＮＬＤ）が大勝し、民政移管*されるまで、54年にわたって軍事独裁体制*がつづきました。

　さて、ミャンマーもラオスと同じように多民族国家です。今、イスラム系住民のロヒンギャ*と呼ばれる少数民族への対応が世界の注目を集めていますが、１３５もの民族がミャンマー国民として公認されているのです。

　ミャンマーの民族はビルマ族が68％で大半を占め、シャン族が９％、カレン族が７％とつづき、ほかにアラカン族、モン族、チン族などの少数民族がいます。軍事独裁の政権では、ビルマ族が優遇され、少数民族は迫害されました。とりわけカレン族は少数民族の中でも民族意識が高く、戦前・戦後の民族独立闘争の時代からカレン民族独立を目標に掲げて、民主化闘争、独立闘争を戦っています。

　カレン族のような少数民族による抵抗運動は、政府・軍によって徹底的に弾圧され、村ごと消えてしまったところもあります。村がなくなれば、住民は難

＊ミャンマーの民政移管：軍政から民政へ。２０１０年11月には新憲法に基づく総選挙実施。２０１１年３月、テイン・セイン大統領就任。

＊軍事独裁体制と新政権：１９６２年、軍事クーデターで軍部が政権を握る。民主化を求める大衆運動の高揚と軍事クーデターがくり返し起こった。１９８９年、軍政はミャンマー連邦と改名。１９９０年総選挙でアウン・サン・スー・チー率いる国民民主連盟（ＮＬＤ）が大勝するが、軍事政権は権力移譲を拒否。２０１５年の総選挙で、ふたたびＮＬＤが圧倒的な勝利。２０１６年、54年ぶりに文民大統領が誕生。軍制が終結した。

＊ロヒンギャ：ラカイン州に住む80万人から１００万人といわれるイスラム系の人びと。15～18世紀にアラカン王国（現在のラカイン州）に住んでいたイスラム系の人びとの末裔《まつえい》、１８２６年にビルマがイギリスに植民地化された際に、ベンガル（現在のバングラデシュ）からラカイン地域に流入したイスラム系の人びと、第２次世界大戦後の混乱期にベンガルから流入して来た人びとからなると考えられている（上智大学根本敬教授）。ロヒンギャは、自国民とし

民*になるしかありません。

アジアの少数民族の問題を、このカレン族の例で考えてみましょう。

少数民族カレン族のプレッ・セイさん

日本のわたしたちが少数民族と聞くと、ゆったりとした村の生活を感じますが、カレン族のプレッ・セイさん（66歳）のこれまでの体験はすさまじいものでした。

プレッ・セイさんは、両親から「学校に行く必要はない」といわれて育ち、学校に通ったことがなく、読み書きができません。大人になってからもみんなが知っていることや、話している内容についていけずに、ほかの人とコミュニケーションがうまくとれませんでした。結婚した相手も学校に通ったことがありませんでした。8人の子どもを産み、子育てと畑仕事がいそがしく、カレン語を習うために学校に通いたくても時間がありませんでした。

プレッ・セイさんの村での暮らしは、カレン民族解放軍に対する掃討《そうとう》作戦をおこなうビルマ軍の襲撃におびえる毎日でした。軍が来るとジャングルの中に

ては認められていない。2012年以降、仏教徒との衝突、政府軍による弾圧が多発しており、ミャンマー政府のロヒンギャ政策、少数民族に対する政策が国際問題として注視されている。

＊難民：戦争、紛争、人種差別、宗教的迫害、思想・政治的迫害、経済的困窮、自然災害、飢餓、伝染病などが原因で、住んでいた土地を離れざるを得なくなった人びと。国内避難民と国外難民があり、国連の難民支援機関や他国の庇護《ひご》と援助が不可欠。

■タイ国境ミャンマー（ビルマ）難民キャンプ

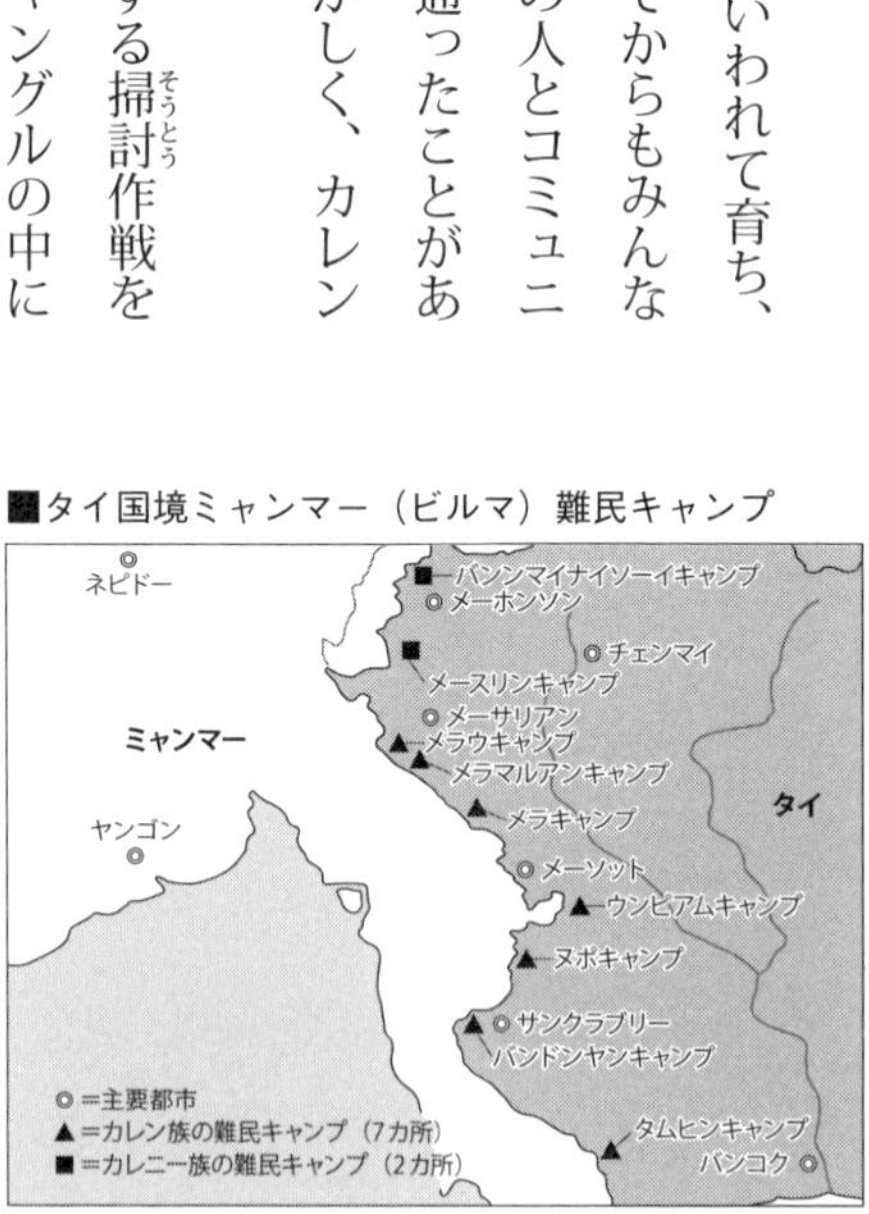

タイとミャンマーとの国境にある難民キャンプの様子

逃げこみ、荷物をもって小さい子どもたちの手を引いて必死に歩きつづけました。やっとの思いで安心できる場所を見つけても、すぐにビルマ軍との戦闘がはじまり、ふたたび、子どもたちの手を引いて逃げることのくり返しでした。逃げ延びた先にみんなで小さな教会をつくっても、すぐに見つかり、燃やされ、壊されました。

ビルマ軍に追われてジャングルに逃げ込むと、数週間から数カ月のあいだはジャングルでの生活がつづきます。プレッ・セイさんの4番目の娘さんは病気になってしまいましたが、薬も病院もなく、手当てもできず、ジャングルの中で息を引きとりました。なにもできなかった悔しさと悲しさで、心が折れそうな日々でした。

もってきたお米もどんどん少なくなり、薄いおかゆになります。最後はおかゆすらもつくれずに、お米が浮かんだスープを飲むような生活でした。食べられそうな植物を探し、動物を捕まえて食べる始末でした。どうやって子どもたちの命を守るか、そればかりを考える日々でした。

そんなジャングルでの悲惨な暮らしがつづいたある日、プレッ・セイさん一家は、難民キャンプにたどりつきました。ここは天国のような場所だ、とプ

カレン族のプレッ・セイさん

レッ・セイさんは話します。銃剣や飢えから身を守る必要がなく、食べものに困らないからです。難民キャンプに来てからはじめて食用油の存在を知ったといいます。なによりも、子どもたちが学校に通えるようになったことがうれしい、と涙ながらに話してくれました。

プレッ・セイさんは、カレン語が読み書きできる難民キャンプの友人に文字を教えてもらい、自分の名前や短い手紙をカレン語で書けるようになり、やさしい本を読むこともできるようになりました。

カレン族の少年ソーピロットくん

ソーピロットくん（16歳）はミャンマーで生まれて、2歳のときにタイ国境にある難民キャンプ*に家族と一緒に逃れてきました。ソーピロットくんの故郷の村はビルマ軍に監視されていて、いつ軍隊が襲ってくるのかわからない毎日がつづいていました。軍隊が襲ってくると荷物をかかえて、ジャングルの中に隠れていたそうです。

また、ビルマ軍は、村人から訳のわからない理由でお金を徴集します。村人がお金が払えないと労働力を提供しなくてはなりませんでした。タダで荷物運搬や建設現場での強制労働*をさせられるのでたまったものではありません。

ビルマ軍は少数民族の反抗をおそれてきびしい監視の目を光らせていました。すこしでも抵抗の兆《きざ》しがあると、村人を連行したり、村ごと焼き払ってしまいます。住むところがなくなれば、村から逃げるしかないのです。

14年前のある日、ソーピロットくんの村をビルマ軍が襲撃し、焼き払いました。両親は、2歳のソーピロットくんをかかえて、タイとの国境にある難民

カレン族のソーピロットくん

＊タイの難民キャンプ：1984年よりタイとミャンマーの国境に難民キャンプが正式に設置、タイ政府が管理している。現在も9カ所の難民キャンプに10万人の難民が暮らしている。80％がカレン族で、カレニー族が10％、ビルマ族が3％とつづく。難民への生活物資などは、すべてNGOの支援による。外に出る自由がなく選べない。テレビやインターネット、携帯電話などキャンプ外から情報を得る手段も制限されている。

＊強制労働：村人に兵器や食料などの軍事物資の運搬や炊事などの労働をさせること。軍の側から見ると村人の徴用。

キャンプまで何日間も逃げてきたといいます。

ソーピロットくんは5人きょうだいですが、３人の弟と妹はキャンプで生まれました。難民キャンプでは仕事をすることができないため、両親は仕事をしていません。家族7人の暮らしはＮＧＯの支援・配給に頼っています。

ソーピロットくんは朝ごはんを食べると、毎日、難民キャンプの学校に行きます。学校は難民委員会の教育部会が運営し、海外のＮＧＯが運営のサポートをしていて、学費は無料です。16歳ですが、小学校6年生のクラスにいて、13歳の弟と同級生です。サッカーが好きで、サッカークラブにも所属しています。授業は午後3時30分に終わり、家にもどると水くみをしてから、友だちとサッカーをして遊びます。将来、ソーピロットくんはプロのサッカー選手になって、有名なクラブチームで活躍したいと思っています。

お父さんはミャンマーの小学校に通っていたので、ビルマ語の読み書きができますが、お母さんは学校に行っていないので、ビルマ語もカレン語も読み書きができません。でも、配給をとりに行くときや病院にかかるときはお父さんや子どもたちと一緒に行くので、キャンプでの生活では不自由を感じていないといっています。

お父さんとお母さんは、この難民キャンプに来てからミャンマーの村に帰ったことがありません。ソーピロットくんの家族は、お父さん以外は全員が難民認定*を受けています。

難民キャンプの住民がキャンプの外に出ることは原則的に禁止されています。ソーピロットくんがこの難民キャンプから出ていく道は、第三国定住で外国に移住するか、故郷の村に自主的に帰るか*の2つしかありません。それでなければ、このまま難民キャンプにとどまるしかありません。数年前に家族全員で第三国定住*を申請しましたが、受け入れてくれる国はありませんでした。お父さんの親せきは、もう10年以上前ですが、第三国定住が認められてアメリカに移住しています。たとえば、将来ソーピロットくんがプロのサッカー選手になって活躍するには、どんなことが必要なのでしょうか？

牛や豚の世話をして暮らすマージンウェミンちゃん

ビルマ族のマージンウェミンちゃん（15歳）の村は、ミャンマーのピー県のパダウン郡にあります。昔からの農村地帯で、小学校3年生までシュエチャン

＊難民認定：タイ国境のミャンマー（ビルマ）難民キャンプの場合、難民認定はタイ政府がおこなっているが、２００５年以降、難民認定の作業を停止している。難民認定されなければ、第三国定住に申請することはできない。

＊自主的本国帰還と呼ばれる。生まれ故郷の村に自分たちの意思で帰るとしても、大半の人が村を出てから10年以上も経っていて、暮らしが成り立たない。

＊第三国定住：難民キャンプで生活している難民を別の国が受け入れる制度。現在22カ国が第三国定住を採用している。タイ国境のミャンマー（ビルマ）難民キャンプからは、これまで10万人以上がアメリカ、カナダなどへ定住している。

難民キャンプでの生活はきびしい

ゴン村の小学校に通っていましたが、家計が苦しくて両親から学校をやめて家の手伝いをするようにいわれました。本当はもっと勉強したかったのですが、しかたがありません。

ミャンマーの基礎教育は、小学校は6年生までですが、この村の小学校は5年生までしかなく、* ほとんどの子どもが5年生で学校をやめてしまいます。中学がある一番大きなピーの町まで車で40分ほどかかり、毎年、町の中学校に進学するのは10人に3人くらいしかいません。

マージンウェミンちゃんは3年生で小学校をやめてからは、飼っている牛と5頭の豚の世話をしています。以前はお姉さんが世話をしていましたが、18歳で同じ村の人と結婚して、今は近所で暮らしています。お姉さんも小学校3年生までしか学校に通っていません。妹は6年生になって、隣村の小学校まで自転車で通っています。

お父さんは5年生まで学校に通い、お母さんは4年生まで学校に通っていたといっていました。昔から農家なのですが、自分の土地をもっていないので、地主から土地を借りて豆やゴマなどをつくっています。土地代は1年間で8万チャット*（約6600円）を払っていますが、つくっているゴマや豆を売って

＊先生の手当がつかないため、6学年がそろわない。

＊**チャット**：1ミャンマーチャット（MMK）＝約0・083円。

3年生で学校をやめてしまったマージンウェミンちゃん（右）とお母さんと妹

も、1年間の現金収入は35万チャット（約2万９０００円）にしかなりません。2割以上が土地代に消えてしまうので、家族4人の生活は楽ではありません。

牛や豚を買って飼育頭数を増やすことや、ゴマや豆以外の作物を育てることを考えましたが、牛や豚を買うお金がなく、ほかの作物の育て方も知りません。結婚したお姉さんはよその家に働きに行って、1日２５００チャット（日本円で約２１０円）のお金をもらっています。

マージンウェミンちゃんが学校をやめたとき、ＮＧＯのスタッフがやってきて、勉強をつづけたいかと聞きました。「学校に行きたい」と答えると、ミャンマー識字リソースセンターが運営している夜間クラス*があることを教えてくれました。お姉さんも通ったことがあり、お母さんもすすめてくれたので、夜間クラスに通うことにしました。

夜間クラスでは、ほかの人とコミュニケーションする方法、自分の気持ちや行動をコントロールすることの大切さ、年配者を敬うこと、目上の人の前での座り方などのライフスキルを教えてもらいました。また、お酒や薬物のこわさなどを学びました。知らないことを教えてもらうのは楽しいことですが、学校のように教科の勉強を教えてくれないので、学校に通っている友だちと話して

マージンウェミンちゃんが面倒をみている豚

***夜間クラス：** ミャンマー識字リソースセンターが運営する、小学校を中退した子どものためのライフスキル教室。ＥＸＣＥＬ（Community-based Extended and Continuous Education and Learning for Out-of-school Children）。夕方6時から8時まで2時間の授業がある。

いると、知らないことだらけで、話が合いません。15歳のマージンウェミンちゃんに、10年後はどうしているだろう、と質問すると、「わからないけど、そのときも家族と一緒に暮らしていたい」と答えました。

学校に行きたいマグテッワイパインくん

マージンウェミンちゃんと同じ村に、マグテッワイパインくん（13歳）がいます。お父さん*の家系は代々農民ですが、畑をもっていないので、農家に雇われて米や豆、ゴマをつくる畑で働いていました。1日に2500チャット（約210円）しか稼ぐことができず、男の子が4人もいるので、とても一家を養っていくことはできませんでした。今では、タイに出稼ぎに行って建設現場で働いています。

お母さん（36歳）は小学校に行ったことがなく、読み書きができません。2ケタの足し算、引き算はできますが、3ケタの数字になると計算ができなくなります。

マグテッワイパインくんは4人兄弟*の長男で、小学校3年生で学校をやめて

＊お父さんとお母さんは同じ村で育ち、幼なじみで、小さいときから親たちが2人の結婚を決めていたそうだ。

＊三男は小学2年生、四男は幼稚園年長組。

マグテッワイパインくん（左）とお母さんと弟たち

しまいました。親が学校をつづけさせることはできないと決めたので、もっと勉強したかったのですが、いうことを聞くしかありませんでした。

すぐ下の弟も小学校3年生で学校をやめて、2人で家畜をたくさん飼っている農家でヤギや牛の世話をするアルバイトをしています。毎朝6時30分に起きて、ヤギと牛を連れて草原に行き、草を食べさせます。* 家からもっていった朝食を2人で食べ、10時ごろにはヤギと牛たちを集めていったん家にもどり、お昼ごはんを食べた後、友だちと遊んだりします。午後にはまたヤギと牛たちを連れて草原に行き、夕方5時には家にもどってくる仕事ですが、月に1人1200チャット（約100円）にしかなりません、子どもだからといって大人の半分くらいしかもらえないのです。夕方、家に帰ってから水くみをして、夜7時には家族と夕飯を食べ、10時に寝ます。毎日が、このくり返しです。

マグテッワイパインくんが小学校を3年生でやめると、家には本や雑誌がなく、学校をやめた子どもは小学校の図書館に入れないので、すっかり本を読む機会がなくなってしまいました。マグテッワイパインくんもしばらくの間、夜間クラスに通っていました。

人口の70％以上が仏教徒だといわれるミャンマーでは、20歳になる前に一度

水くみをする女の子。この少女も一人前の働き手

＊雨季のときには近くにヤギの餌《えさ》になる草があり、乾季のときは1時間くらいかけて草がある場所に移動する。

は僧侶になる風習があります。一定期間お寺で生活して、僧侶としての修行をするのです。得度式あるいは出家式とも呼ばれていますが、マグテッワイパインくんも先月、20人くらいの村の子どもたちと一緒に得度式を受けました。町のお寺で1週間の修行をしましたが、とても楽しい体験だといっていました。

お母さんに、「10年後、息子さんはどうしているでしょう?」と質問すると、「息子の人生は息子のものなので、任せています。自分が好きな人生を過ごしてほしいと思っています。もし、息子たちのうち、1人でも村にいて一緒に住んでくれたらうれしいけど、それよりも自分の人生を生きてほしいです。もしも、今よりも生活がよくなるのであれば、この村から出ていってもいいと思っています。夜間クラスに通ってから、家の整頓や掃除もしてくれるようになりました。クラスで習ったんだと教えてくれました」と、答えてくれました。マグテッワイパインくんは、お父さんのようにタイで働いてみたいとも思っています。今、もしもチャンスがあれば学校にもどりたいと希望しています。

第2章
本がわたしに与えてくれた翼
——オラタイさんの物語

タイの首都バンコクのスラムで育った女性外交官

ここまで、わたしたちシャンティがアジア各地で出会った10代の子どもを中心に紹介してきました。みんな思春期の真っただ中、大人になるために、社会に出るために苦闘している最中の子どもたちです。

そこで、タイのスラムに生まれ、38歳になった今、外交官として活躍している女性を紹介しましょう。彼女の物語が同じ境遇を生きている子どもたちに、なにかヒントを与えてくれるかもしれません。

オラタイさんは1979年、バンコク最大のスラムの1つであるスアンプルーという地区で生まれました。両親はタイ東北部のイサーンというタイの中でもっとも貧しい農村の生まれで、2人とも学校に行っていないので、読み書きができません。オラタイさんの両親は、仕事を求めて首都のバンコクに出てきました。農村では現金収入のあてがないため、都会に出てくることはよくある選択ですが、そのときにスラムに住む選択がほとんどです。すでに親せきが住んでいたり、村の知り合いがいろいろ手配してくれることもありますし、な

■タイの首都バンコクのスラム

にせ家賃や物価が安いことが最大のポイントです。

スラムは、家が密集していて、貧困、病気、家庭内暴力、違法薬物、売春、殺人などさまざまな社会問題を抱えています。オラタイさんのお母さんは、3人の女の子を生み、子どもたちを学校に通わせることが夢でした。お母さんは、一生懸命働きました。プラスチックを拾い集めて業者に売る、池からミミズをとってきて売る、街中を歩いてお菓子を売るなど、さまざまな仕事をしてお金を得てきました。

お母さんは読み書きができないため、体を使う仕事しかできません。長年かかって少しのお金を貯めることができ、ようやく家の前でふるさとのイサーン料理を売る小さな屋台を出せるようになりました。しかし、お父さんはお酒におぼれ、家族に暴力を振るうようになりました。まだ小さかったオラタイさんは、なぜ家族を不幸にするようなことをするのか、わかりませんでした。

あるとき、オラタイさんが家に帰ると、お母さんがいませんでした。オラタイさんはとてもショックを受けました。なぜなら、お母さんが唯一の希望だったからです。数日して、お母さんが家にもどってきましたが、お父さんの暴力がやむことはありませんでした。両親のけんかがはじまると、2人のお姉さん

バンコク最大のスラムの1つスアンプルースラム。後ろのビルとは対照的（1994年ごろ）

たちは、友だちのところへ行ってしまいますが、オラタイさんはどうしたらいいのか、わからなくなってしまいました。今思うと、お父さんの心は病んでいたのです。明日、どうなるかわからない貧しい生活が原因で、お酒を飲んでわれを忘れ、暴力を振るうことでやっと自分を保っていたのです。

屋台を手伝いながら試験勉強

オラタイさんは、貧しい家庭の子どもたちのためにつくられた公立の小学校に通っていました。毎朝スラムの前から出るバスに乗って通っていましたが、病気で学校を休むことが多く、成績もよくありませんでした。あるとき、重い病気にかかり、2、3週間学校を休んでしまったら、勉強の内容がわからなくなってしまいました。小学校では、ほかの生徒についていくのが精一杯でした。

やっとのことで小学校を卒業すると、サイパンヤ女子中学校に進学しました。バスで1時間半ほどかかる場所にありましたが、中学校は家でのつらいことを忘れさせてくれる逃げ場所になりました。

13歳のとき、学校の先生との面談で、お母さんが中学校に来たことがありました。お母さんを見かけた友だちが、「木の下で写真を見ながら泣いていたよ」というのです。オラタイさんにはお母さんが見ていた写真や、泣いていた理由がわかりました。お母さんの見ていた写真は、2人のお姉さんの写真でした。中学校に通っていたお姉さんたちは、学校をやめてしまい、家を出ていってしまったのです。娘たちが輝かしい人生を送ることを生きがいにしていたお母さんは、娘たちの将来を思い、心を痛めていたのです。

このお母さんの姿がオラタイさんを変えました。お母さんをもう二度と悲しませたくない、「もし、お母さんが涙を流すようなことがあれば、それは幸せな涙であってほしい……」と、固く決心しました。勉強をがんばっていい高校に行けば、いい大学に入れます。そしてそれは給与の高い仕事につけることを保証してくれるものでした。「いい高校に行って、いい大学を卒業しよう」とオラタイさんは決意しました。

学校が終わり、自宅に帰るとお母さんのイサーン料理の屋台を手伝いながら、すこしでも空き時間ができると、教科書や図書館で借りた本を読んでいました。がんばった結果、タイ国内でも難関校として有名なトリウム・ウドム・スクサ高校に合格することができました。この高校に通う生徒たちは上流・中流階級の出身で、スラム出身者はオラタイさんくらいしかいませんでした。

毎日4時30分に起き、クロントイ市場に食材を買いに行くお母さんに代わり、屋台を出す準備をします。準備が終わるとシャワーを浴びて、制服に着替えて、6時には家を出て学校に向かいます。朝食は学校の食堂で食べました。

夕方、3時30分に学校が終わると、急いで帰宅して屋台の店番をして、1日の仕事が終わるのはいつも夜の11時過ぎになっていました。週末は朝から屋台の手伝いと家事でした。「とても疲れましたが、わたしの心は喜びで満たされていました。お母さんを助けるためにベストを尽くしていたからです」

いそがしい毎日でしたが、懸命に働くお母さんの姿を見てきたオラタイさんには、ただ座って勉強していることはできなかったのです。屋台の手伝いをしながら、宿題や試験勉強をするのは大変でしたが、オラタイさんの学校の成績は、クラスでもいつも5番を下がることはありませんでした。

スラムにトラックの図書館がやってきた

じつは、オラタイさんが4歳のときに、移動図書館*のトラックがスラムに本

お母さんの屋台を手伝うオラタイさん（高校生のころ）

***移動図書館**：シャンティが1984年にタイではじめた事業。

を運んできてくれました。車の中にはたくさんの本があり、自由に本を手にすることができました。

オラタイさんが移動図書館ではじめて手にとった本は、ロシア人作家のアレクセイ・トルストイ*作、日本人彫刻家佐藤忠良*の絵、内田莉莎子訳による『おおきなかぶ』*でした。絵本は日本語で描かれていたので、ボランティアさんがタイ語で読み聞かせてくれました。このお話は、「なにか大きな物事を成し遂げるには、チームワークが大切である」ということを教えてくれました。

オラタイさんが7、8歳のときでしょうか。スアンプルーのスラムの中心に、日本人とスラムの人たちが一緒になって建物を建てていました。家から50メートルほどのところに完成した木造平屋建ての建物*は、図書館でした。たくさんの本が運び込まれ、館内に並べられたのを見て、オラタイさんはとても驚きました。

図書館が安心できる居場所だった

お父さんはお酒を飲むと、家族に暴力を振るい、お母さんといつも言い争い

＊アレクセイ・トルストイ：1883年～1945年。ロシアの小説家。『アンナ・カレーニナ』『戦争と平和』などで著名な大トルストイと呼ばれるレフ・トルストイ（1828年～1910年）はまたいとこ。

＊佐藤忠良《さとうちゅうりょう》：1912年～2011年。彫刻家。東京造形大学教授。ブロンズや木彫の女性像で知られる。絵本の挿絵なども多数手がけた。

＊『おおきなかぶ』：福音館書店、1966年。ロシアの代表的な民話。挿絵にはシベリア抑留を体験した佐藤忠良ならではのロシアの農村の雰囲気が描かれている。

＊その後、2階建てに改修された。

をしていました。そんな両親を見ていると悲しくなり、耳をふさいで家から逃げ出したいと思いました。そのようなときは決まって、図書館に駆け込みました。まだ小さかったので、いろいろな写真集をパラパラとめくって見ていました。とくに、東京、ニューヨーク、ロンドン、パリ、ベルリン、フランクフルト、モスクワといった世界の大都市の写真が載っている大きな本に夢中になりました。

図書館のボランティアの人は、本を読んでくれたり、朗読の方法を教えてくれました。本の世界だけではありません。タイの伝統舞踊や流行のダンス、歌を歌うことを教えてくれました。オラタイさんは図書館のさまざまなイベントに参加しているうちに、大勢の人の前で話すこともできるようになったのです。「アナウンサーコンテスト」があったときは、図書館で朗読を教えてもらったおかげで、優勝することができました。それがいろいろなイベントで司会を頼まれるきっかけになりました。

図書館は安心できる場所でした。新聞、ファッション雑誌、マンガ、小説、あらゆる分野の本が並んでいました。中学生のときは、小説と旅行雑誌に夢中になりました。旅行雑誌をながめながら、いつか自分が世界を旅することを夢

子どもたちは絵本の読み聞かせに夢中になる（スアンプルーのスラムにて）

見ていました。図書館は外の世界とつながっていると感じられる場所で、本はオラタイさんの心に翼をつけてくれました。

高校に入学すると、試験勉強のために本をたくさん借りるようになりました。まさに本の虫になっていました。新聞や雑誌でタイや世界の問題を勉強していたおかげで、個別指導を受けなくても、いつも上位の成績を収めることができたのです。

奨学金を得て、外国の大学に留学したい

高校卒業後の進路を決めるとき、外国の大学に留学して、将来は国際的な舞台で活躍したいと目標を決めていました。外国の大学に留学することが、父親の暴力から逃れ、スラムの壁を越えるただ1つの方法だと思っていたからです。そのために必死で勉強をつづけたのです。

タイの優秀な高校生は、卒業と同時にタイ王国*政府の奨学生試験を受けて、外国の大学に留学するコースを選択します。奨学生試験は、競争率の高い試験ですが、オラタイさんは見事に合格して、国費留学生の資格を得ることができ

＊タイ王国：立憲君主制の国。現在の王は、ラーマ10世。

ました。将来、国際的な分野で活躍することを考えて、その当時活躍している人が少ない「ロシア学」を専攻することに決めていました。

高校卒業と同時にロシアの大学に留学する予定でしたが、1997年に起こったタイの金融危機*によって、ロシア留学は先延ばしになってしまいました。そこで、タイで最古の名門大学であるチュラロンコン大学*の人文科学部を受験し合格したのです。

その後、ロシアから留学受け入れの連絡が来て、1998年12月、ロシアの名門大学、モスクワ国際関係大学*に留学しました。7年間の留学生活で、「ロシア学およびロシア政治学」の学士号と修士号を授与され、2005年、モスクワから帰国したオラタイさんは、タイ外務省に入り外交官になりました。

世界の架け橋になりたい

オラタイさんの人生は大きく変わりました。タイの外交官として国を代表して国際会議に参加したり、王家や首相、大臣などと国の仕事をするようになりました。スラムで生まれ育ったオラタイさんが、その生い立ちのハンディ

＊金融危機：1997年に起こったタイの金融危機。世界の金融投資家によってタイの貨幣バーツが買い占められて急騰し、一斉に売り出されたため貨幣価格が大暴落、タイ経済は大不況に陥った。この金融危機はアジアの各国にも波及した。

＊チュラロンコン大学：1917年設立、タイで最古、国内第1位の国立大学。

＊モスクワ国際関係大学：モスクワにある大学。ロシア外務省付属の公立大学で、国際関係および外交専門家などを養成する教育機関。

キャップを乗り越えて、外交官の人生を切り開くことができるとはだれが想像できたでしょうか。

オラタイさんの人生に起こったことには、すべて意味があったのです。幼いころの悲しくつらい体験を乗り越えたからこそ、強いオラタイさんが生まれたのでしょう。懸命に働くお母さんがいなければ、固い決意をもった人間になれなかったでしょう。お父さんの深い悲しみを理解することができるようになったとき、人生を生き抜く決意をしたのでしょう。

そして、オラタイさんのたくましい性格は、図書館で読んだ本のヒロインたちから大きな影響を受けたのでしょう。ヒロインたちはみんなとてもたくましくて、人生に対して前向きです。そしてなにより、オラタイさんを支えてくれた人びとのやさしさと助けがなければ、今のオラタイさんは存在しなかったのです。

今、38歳になったオラタイさんは、タイを代表する女性外交官ですが、スラムの子どもたちや、タイの山岳地域できびしい暮らしをしている子どもたちのために、奨学金事業と読書推進事業をおこなう財団*の理事として活動しています。

*元はシャンティの現地事務所で、タイの財団として現地法人化した。財団はクロントイのスラムなどでコミュニティ図書館を運営し、オラタイさんは、図書館のアドバイザーとして、選書などに関わっている。

■オラタイさんからのメッセージ

わたしにはよく聞かれる質問があります。どんなときに自分のことを誇りに思う？　修士号を取ったこと、王族や首相の通訳をしたこと？

違います。わたしは、スラムで暮らすというサイクルから抜け出せたことを誇りに思っています。スラムで暮らす人の多くが、そこで生まれそこで育ちそして子どもを産み、子どもたちも親同様の人生を送ります。

わたしはそこから抜け出せたことで、新しい人生をはじめられたと思っていますし、人生がより創造的なものになったと感じています。なによりも、この貧困のサイクルを断つために、姉の子どもを預かり、教育を受けさせることができました。母のために家を建てることもできました。

わたしの力だけではここまで来れなかったと思います。自分の人生を振り返ると、いつも神様が支えてくれていました。自分でも信じられないことがたくさんあります。

日本のみなさん、どうか夢と希望をもちつづけてください。そしてそれを叶《かな》えるために行動し実現させてください。

子どものころに読んだ『おおきなかぶ』（福音館書店）が今も大好きなオラタイさん

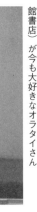

第3章
読み書きができない7億5000万の人びと

教育を受けられなかった大人たち

今の世界には、読み書きができない人が約7億5000万人*いるといわれています。そのうちの7割がアジアの人たちで、63％が女性なのです。

なぜ、このように多くの人たちの、学校で読み書きを習う機会が奪われているのでしょうか？

そこには5つの原因があると考えられています。

①教育の機会を奪う紛争

紛争の原因や規模によって、起こる状況はそれぞれに異なりますが、共通して起こるのは、公共機関が十分に機能しなくなることです。とりわけ、学校が正常に運営されなくなったり、教育の内容が軍事一色になったりします。もちろん、爆弾で家が焼かれたり、学校が攻撃されるような状態では、子どもたちが学校に行けるわけはありません。

***読み書きできない人口**：50TH ANNIVERSARY OF INTERNATIONAL LITERACY DAY: Literacy rates are on the rise but millions remain illiterate http://uis.unesco.org/sites/default/files/documents/fs38-50th-anniversary-of-international-literacy-day-literacy-rates-are-on-the-rise-but-millions-remain-illiterate-2016-en.pdf

戦闘によって破壊しつくされた建物（アフガニスタン）

難民キャンプ内の広場で談笑するアフガニスタン難民。山岳地帯の気候はきびしい

紛争状態が長期化すると、食料や生活用品が手に入りにくくなり、安全を求めて故郷を離れ、隣の国や外国に難民として逃れるしか方法がなくなります。紛争の状況がもっとひどくなると、政府軍・反政府軍を問わず、子どもたちに武器をもたせて戦場に駆り出したり、女の子には軍隊で大人の兵士の世話などをさせたりします。このように子どもたちを学校から追い出して、戦争に駆り立てる*例は、アフリカの各地、アフガニスタン、中南米など、世界の紛争地帯で見られます。

■5歳の少年兵

アフガニスタン東部の山岳地帯*でわたしたちが事業のモニタリング*をおこなっているとき、1人の少年兵と出会いました。年齢をたずねても首をかしげます。話によると、5歳のころ親元から離れて武装勢力に預けられたらしく、見かけは13、14歳のようでした。

学校には一度も通ったことはなく、預けられたほかの子どもたちと一緒に武器の使い方を習ったり、大人の兵士の手伝いをしたりしてきたといいます。少年は、文字を読むことも書くことも、計算もできません。教えられたことは、

『ぼくは13歳　職業、兵士。』（合同出版、2005年）

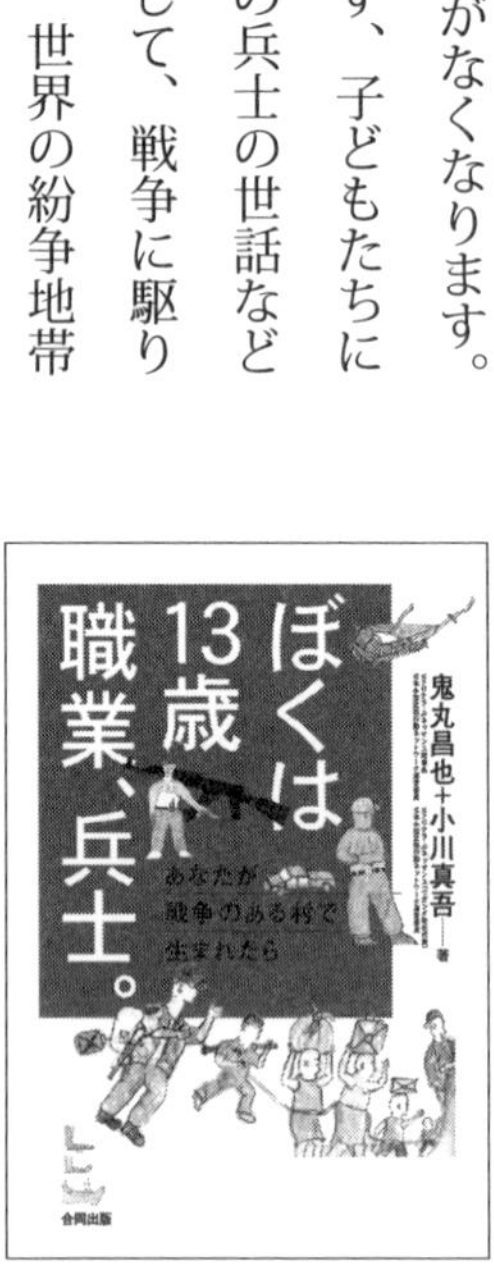

＊日本でも戦争中、学徒勤労動員、学徒動員といって、生徒や学生を軍需産業や食料生産に動員した。小学生は学童疎開といって空襲がないとされた地方に集団移住を強いられた。

＊**山岳地帯**：ナンガハル州ダライヌール郡。アフガニスタンは、全土の4分の3が山岳地帯で、部族を中心に各地域が統治されている。一部の部族は武装し、武装勢力（軍閥）になっている。

＊**モニタリング**：事前調査。対象の地域を調査して、住民の暮らしぶりや要求を知り、その地域での支援事業を考える際の参考にする。

「襲ってくる人たちがいたらとにかく撃て」ということでした。敵がだれなのか、なんのために戦っているのか、それを教えてもらうことはなかったといいます。読み書きができないので、新聞を読むこともできず、知っている言葉も限られているため、ラジオのニュースを聞いても世の中でなにが起きているのかわかりません。

彼のように、学校がどんなところかも知らないまま、兵士として育てられ、結局は幼い命を落とす子どもたちがたくさんいるのです。

②親から子どもに引き継がれる貧しさ

紛争の終わりが見えはじめると、生活の立て直しを目指して、さまざまな場所で復興作業がはじまります。しかし、内戦があった国は、病院や道路、水道、発電所など公共施設や、人びとの家が破壊されてしまっています。テレビや新聞などで見たことがあると思いますが、イスラム国（IS）が占拠したあと、掃討作戦で解放されたイラクのモスルの町の惨状を見るとそのことがわかります。

爆弾でお母さんを殺された子どもの絵（ミャンマー〔ビルマ〕難民キャンプ）

戦争で破壊された社会や経済を復興するのは容易なことではありません。長いあいだの内戦を生き抜いてきた国の人びとは、教育の機会に恵まれず、読み書きができない人が多いのです。そのことがその後の国の復興に大きなマイナスになります。

カンボジアの識字率*は、国家統計では約67％と発表されていますが、実際にわたしたちが活動する村で調査をした際には、読み書き・計算ができる人は40％に過ぎないという報告があります。そのほか、バングラデシュやパキスタンでは、15歳以上の成人の約60％しか読み書きができず、とくにパキスタンでは女性のうち読み書きができる人は50％にも達していません。さらに、アフガニスタンでもいまだに40％以下の人しか読み書きができないといわれています。

読み書き、計算ができないと現金収入を得られる仕事につくことがむずかしいことは、容易に想像ができます。親の世代が読み書きや計算ができないと、親だけでは家計を支えていくことができず、子どもたちも働かなければなりません。

とくに、農家の場合は、親と一緒に農作業をしたり、親が畑で働いているあいだに幼い子どもたちの面倒をみたり、炊事洗濯などの家事をしなければなり

***カンボジアの識字率**：1998年の国家統計。シャンティの調査では事業対象地域の識字率は40％。

■アジアの識字率

国名	識字率
ラオス	85%
インド	74%
東ティモール	68%
ブータン	67%
ネパール	68%
バングラデシュ	74%
パキスタン	59%
アフガニスタン	43%

出典：ユネスコ EFA Global Education Monitoring Report 2020（英文）

ません。子どもたちは学校に行く機会を失い、読み書きができないまま大人になります。読み書きができないことから貧困状態から抜け出せないことを「貧困の連鎖*」と呼んでいます。

③女の子は無償の労働力

読み書きができない人の半数以上は、女性だといわれています。なぜ、女性に読み書きができない人が多いのでしょうか？

アジアの国ぐにでは女の子は無償の労働力とみなされ、女性には教育、知識は必要ないとする考え方*がいまだに多くの地域で生きています。牛や馬に労働力以外のものを求めないように、女性に教育を与えることを否定する考え方が生きているのです。

子どもたち全員を学校に通わせることができない貧しい家庭では、男の子を優先的に学校に通わせ、女の子は家事労働、仕事の補助要員としてあつかわれます。女の子は、幼い子どもの面倒をみたり、家事を手伝ったり、結婚後は家事に追われて勉強の機会を得ることのないまま一生を終えていきます。

ラオスの伝統衣装を着た子ども

＊貧困の連鎖：農民の中でも、土地をもっていない小作人、雇われて農場で働く農業労働者は貧困状態からなかなか抜け出すことができない。こうした貧困状態をどのように解消していくか、さまざまなとりくみやアイデアが出されている。

＊女性に教育は必要ない：２０１４年にノーベル平和賞を受賞したマララ・ユスフザイさん（１９９７年生まれ、襲撃事件当時15歳）が、地元のパキスタン・タリバン運動のグループから襲撃された事件は、少女たちが女子学校に通っていたことが理由だった。襲撃グループは「女が教育を受けることは許しがたい罪であり、死に値する」と主張した。

また、アジアでは、女の子の児童婚*が大きな社会問題になっています。10歳前後で結婚して、あとは家事をして一生を送るという例があるのです。

④少数民族が抱える読み書きの壁

アジアの多くの国は、多民族によって構成されています。それぞれの民族は、自分たちの言葉*を話しています。たとえば、ミャンマーでは119言語、ネパールでは123言語、ラオスでは81言語、アフガニスタンでは42言語が実際に話されているといわれています。

多くの国が、公用語（共通語）*を決めています。自分たちの言葉が公用語でない人たちは、学校ではじめて公用語を学びます。家庭では母語を日常的に使っているため、学校と家庭で言葉を使いわけなければいけません。

地域によっては、自分たちの言葉（民族語）が通じない、別の民族語の学校に通っている場合があります。こうした子どもたちは、民族語と別の民族語、公用語の3つを話しながら学校生活を送る必要があります。特別な教授法やスタッフの配置が必要になりますが、多くの学校では少数民族の子どもたちが十

＊児童婚：18歳未満での結婚。アフリカ、アジアなどに広く見られる風習で、子どもの権利の侵害とされている。低年齢での妊娠・出産で妊産婦死亡リスクが高まるほか、60代、70代の男性と結婚する例が報告されていて、婚姻といっても実態は無償の家事使用人、奴隷に等しい事例が多発している。

■読み書きできないロン・ディさん（23歳）
スラムの裏にある小さな畑で野菜をつくり、8カ月の息子を育てている。

＊世界には5000から7000の言語があるとされ、中には話し手がいなくなり、絶滅してしまった言語もある。少数言語では話し言葉だけで、文字をもたない言語もある。

＊公用語（共通語）：国民が共通して理解し話せる言葉。

分に学べる環境が整っていません。

⑤学んだ読み書きを忘れてしまう

読み書きができない人の中には、子どものころからまったく学校に行ったことがない人もいます。しかし、中には小学校に通い、読み書きを習ったものの、せっかくおぼえた文字を忘れてしまう人もいます。大人になってから識字教室に通って文字を習っても、生活の中で使ったり、学び直す機会がなければ忘れてしまいます。

年齢、性別、民族、学歴などによって左右されることなく、必要な学習をいつでもどこでも学べる機会が提供され、日々の生活でも活用されなければ身につきません。

ラオスのスアさんは、「小学校3年生まで学校に通っていましたが、今では読み書きはすっかり忘れてしまいました。なにかしようと思っても読み書きができないと、自分1人ではなにもできないので困っています」と話します。

■ラオス・モン族のワさん
ラオス語の読み書きができない。ラオスの住居は竹や木でつくられることが多い。自宅前でのワさんと孫娘。

■ラオス・カム族のスアさん（42歳）
カム語しか話せない。ラオス語が話せて、計算ができれば「もっとお金を稼ぐことができる」といつもいっている。

読み書きができないと文化が継承されない

わたしたちのカンボジアオフィスで働く、カンボジア人のある職員が20歳を過ぎてから英語を学びはじめました。英語が読めるようになって、アメリカ人ジャーナリストが書いたポル・ポト時代*の出来事を知って衝撃を受けたといいます。

カンボジアでは、ポル・ポト政権下、自国の歴史や文化を記録した書物が焼かれ*、一方で歌手や作家、画家、彫刻家など、芸術家の10人に9人は逮捕され、虐殺されました。美しい音楽、すばらしい芸術は人びとの心に感動や喜びをもたらしますが、ポル・ポト政権下ではそのような感情は人間社会には必要ないとされたのです。

芸術大学で伝統舞踊を教えているナロム先生は、家族の中でただ1人生き残りました。著名な舞踏家であった先生が生き延びたのは奇跡的なことでした。その後、大学でカンボジアの伝統舞踊を教えてきましたが、直接教えられる学生は限られています。60歳を過ぎ、あと何人に教えられるのかと悩んでいたと

＊ポル・ポト時代：14ページ参照。

＊本が焼かれる：古くは中国の焚書坑儒《ふんしょこうじゅ》、ドイツのナチスによるユダヤ思想、社会主義思想、人権思想に対する弾圧が記録されている。ポル・ポト政権は国民から文字文化を奪った。これは国際人権規約*に反する政策。

＊国際人権規約：1966年の国連総会で採択。第27条は、「種族的、宗教的、または言語的少数民族に属する者は、自己の言語を使用する権利を否定されない（少数者の権利）」とし、個人の母語保障について規定している。

き、カンボジアオフィスのスタッフが先生に伝統舞踊に関する本を書くことを提案しました。

ナロム先生が書いた絵本は『女神の舞い』と題された、平和と繁栄を願う女神（アプサラ）の踊りを解説したものでした。毎年150カ所、小学校や図書館に配布されていますが、この絵本を手にした子どもたちは、描かれている女神の動きをまねしはじめました。

750万人といわれた国で、200万人以上の人が殺され、たくさんの文化財が失われてしまった後、生き残った人びとが求めた復興とは、「失われた美しい文化や祖先からの英知をつぎの世代に伝えること」つまり「文化の継承」だったのです。この「文化の継承」のためには、教育が必要であることはいうまでもありません。

ナロム先生が描いた絵本『女神の舞い』（カンボジア）

女神（アプサラ）の舞いを読みながら踊りはじめた子どもたち（女神降臨）

移動図書館に集まってきた子どもたち。本を読むのに夢中（ミャンマー）

第4章
図書館がぼくらの村にやってきた

だれもが学校に通う権利がある

ここまでわたしたち、シャンティがアジアの国で出会った人びとの、学校に通えなかった理由、読み書きができなかったことで起こったさまざまな暮らしぶりを紹介してきました。だれもが学校に通って学ぶこと、読み書きができるようになることを、専門的な言葉では「学習権」といいます。

言葉を話し、書くことは、人間の存在にとって基本的人権の1つとして考えられ、紛争や貧困などによってきびしい状況に置かれている人たちにこそ、学ぶことが保障されなければならないと考えられています。こうした考え方は1985年、ユネスコ国際成人教育会議で「学習権宣言*」として採択されたのです。

「学習権」は、人びとが社会生活をするうえで不可欠なものですから、いつでも、どこでも、だれにでも保障されなければなりません。とりわけ生きる力を育てる子どもの時期に、十分な保障がされなければならないことはいうまでもありません。そのことが「子どもの権利条約*」にも書かれています。

＊学習権宣言：「読み書きを学ぶ権利であり、問いつづけ、深く考える権利であり、想像し創造する権利であり、自分自身の世界を読み取り、歴史をつづる権利であり、あらゆる教育の手だてを得る権利であり、個人的・集団的技術をのばす権利である」「学習権は未来のためにとっておかれる文化的ぜいたく品ではない。それは、生存の問題が決着したあとにのみ、得られるものではない。それは、基礎的欲求が満たされたあとの段階で得られるものではない」

＊子どもの権利条約：1989年、国連総会で採択。18歳未満の子どもは、だれもが教育を受ける権利（第28条・教育への権利）をもつ。教育の目的は、①子どもの心身の発達、②人権と自由の尊重を育成、③自由な社会に責任ある個人として参加する準備をすること、④自然環境に対する敬意を育てること（第29条・教育の目的）。また、子どもは学校教育以外に自由に遊ぶ時間をもち、文化、芸術にも参加する権利がある（第31条・休息、余暇、遊び、文化的・芸術的生活への参加）。

しかし、ここまで紹介してきたように、学費が払えないために通学できない家庭、子どもが働かないと暮らしていけない家庭、女の子は学校に行って勉強などする必要はないと考える人たち、戦争で学校が壊されてしまったなど、さまざまな理由で子どもや大人の「学習権」が実現していません。

わたしたちは、アジアの各地で活動してきましたが、子どもの将来の夢を育て、それを実現する力を育てるには、子どもが読書の習慣を身につけることが必要で、そのためには図書館で本と出会う機会がとても重要だと気づきました。

子どもがいて、本があれば、たとえ本人が字が読めなくても、それを読んであげる人が現れるはずです。本を読める子どもが大人に本を読んであげることもできます。

子どもたちに本を直接、手渡しするしくみ、いつでも気軽に立ち寄れる本がある場所、それは移動図書館であったり、建物としての図書館でありますが、それならわたしたちにもできそうでした。

ミャンマー（ビルマ）難民キャンプに届いた本を読む子どもたち

タイ国境ミャンマー（ビルマ）難民キャンプのコミュニティ図書館

下の地図を見てください。ミャンマーとタイの国境で、難民キャンプが正式に設立されたのは、１９８４年のことでした。ビルマ軍と少数民族との争い*によって15万人の難民が発生、現在も9カ所の難民キャンプで約10万人が暮らしているのです。

これらの難民キャンプで暮らしている人の47％が18歳以下の子どもで、その多くが難民キャンプで生まれ育っています。彼らのふるさとは難民キャンプなのです。難民キャンプで暮らしている人は、許可なくキャンプの外に出ることは許されていません。難民キャンプという限定された地域では得られる情報も限られ、子どもたちは外の世界を知らずに大人になっていきます。

とりわけ、民族の独立を掲げて戦ったカレン族の村は、ビルマ政府軍からの激しい攻撃を受け、たくさんの難民*が出たのですが、今でも難民の多くが村に帰ることができずに、9カ所の難民キャンプに分散して暮らしています。

＊**ビルマ軍と少数民族との争い：**32、34、73ページ参照。

■難民キャンプと図書館の数

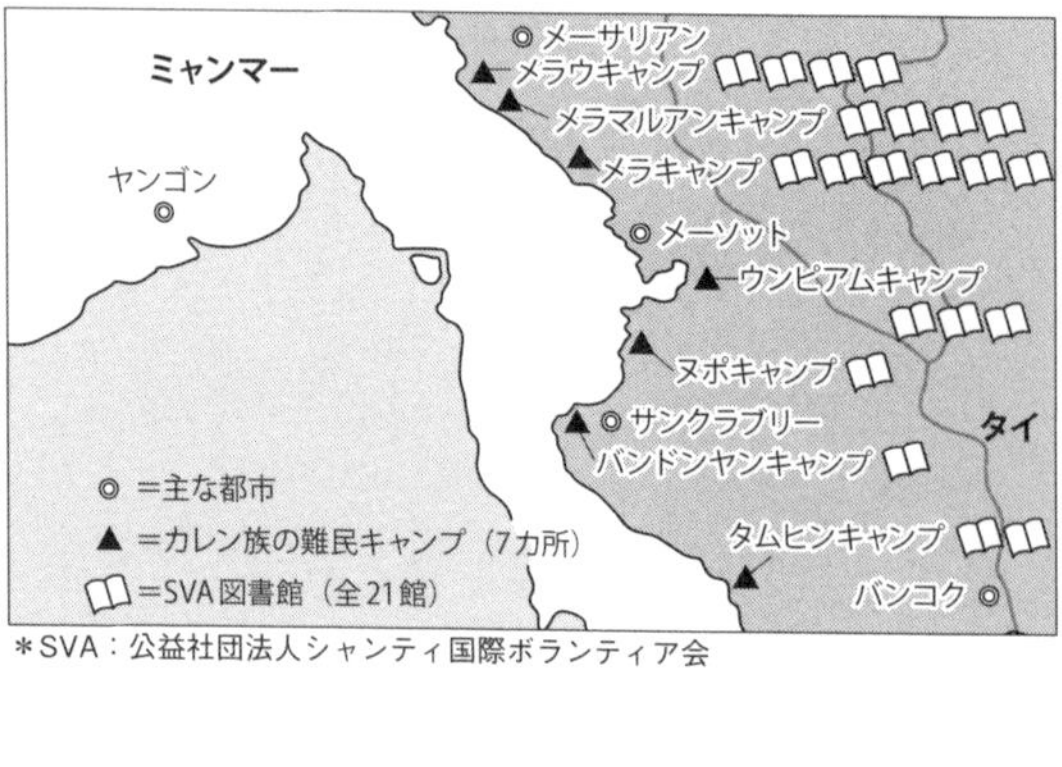

＊SVA：公益社団法人シャンティ国際ボランティア会

1984年に難民キャンプが設立されてから、16年間は難民キャンプには図書館がありませんでした。図書館がない場所に図書館をつくるのは、容易なことではありません。

親が文字の読み書きができない場合、読書とは無縁の生活を送ってきたため、図書館がどのような場所か知らず、子どもを図書館に行かせたがらない親もいます。人びとの意識を変えることが必要になります。

わたしたちが難民キャンプに図書館をつくるとき、まず最初に図書館委員会*を立ち上げました。なぜ図書館が必要なのか、どんな図書館をつくるのか、委員会のメンバーと何度も話し合いました。その結果、３つの方向性が決まりました。

①民族の母語であるカレン語と公用語（ビルマ語）の本を中心に収蔵する。
②利用登録や貸し出しは無料にする。
③民族の伝統文化が継承される場所にする。

子どもたちに民族のカレン語を教えたい、歴史や文化を知りたいという希望

＊60万人いるとされる。難民キャンプが約9万人（２０２１年）、第三国定住者が約11万人（２０２１年）、ＩＤＰ（ミャンマー南東部）に約40万（２０１５年）が滞在している。

＊**図書館委員会**：図書館運営の現地決定機関。難民キャンプの代表委員会や教育部会の人が委員になった。

がとても強かったのです。

２００1年、今から16年前のことですが、図書館の用地はタイ政府と難民委員会から使用許可をもらい、建設費用は、日本の人びとからの寄付や公的資金などを申請して集めました。大人が静かに本や新聞を読む空間をつくりながら、子どもたちへの読み聞かせなどもおこなえるようにと、読書室を大人用と子ども用にわけるアイデアが採用されました。

このようにゼロからスタートした難民キャンプの図書館ですが、現在7カ所のキャンプで21館、収蔵図書は合計で26万冊になりました。21館の図書館を年間延べ40万人が利用しています。50人の有給の図書館員が働き、１００人以上のユースボランティア*が協力しています。

広い難民キャンプの中では図書館に通えない人びとがたくさんいるので学校への図書の貸し出し、読み聞かせ活動、人形劇の巡回上演活動など移動図書館活動*も活発におこなわれています。

図書館活動を充実していくため、図書館員やユースボランティアの育成にも力を入れています。

21館の図書館の壁にはカレン語とビルマ語で「ユネスコ公共図書館宣言」*が

＊ユースボランティア：高校生から20代前半までの若者が図書館活動のサポートとしてチームを組んだ活動。

＊難民キャンプの移動図書館活動：難民キャンプの中は車両が通れない道も多く、移動図書館では本を詰めるためのプラスチックの衣装ケースが活躍する。

＊ユネスコ公共図書館宣言（UNESCO Public Library Manifesto1994）：「公共図書館のサービスは、年齢、人種、性別、宗教、国籍、言語、あるいは社会的身分を問わず、すべての人が平等に利用できるという原則に基づいて提供される」。このユネスコ宣言は、公共図書館はすべての人に平等に利用できるものでなければならないことを求めている。

掲げられ、だれにでも開かれた図書館を目指しています。

難民キャンプの中にも学校がありますが、必ずしも十分な教育の機会が得られません。とくに学習用の図書が学校には充分ないため、学校とコミュニティ図書館の協力が必要なのです。

アメリカに定住したカレン族のシーショーさん

シーショーさんは、4歳のとき、暮らしていた村がビルマ軍に襲われました。家族に連れられて村から逃げて、6歳のときにメラマルアン難民キャンプに住むことになりました。シーショーさんは子どものときから難民キャンプの図書館で過ごし、たくさんの絵を描いてきました。

24歳になった今年3月、アメリカの大学を卒業したシーショーさんは、わたしたちの事務所*にＳＮＳを通して、近況報告と子どもたちへのメッセージを送ってくれました。

「メラマルアン難民キャンプに図書館ができたのは、10歳ごろだったと思います。図書館は、ぼくにとって第二の家でした。学校がない土曜日は、一日中

移動図書館用の本を選ぶ利用者（難民キャンプ）

＊難民事業事務所のこと。タイ国境のミャンマー（ビルマ）難民キャンプでの事業を実施するための事務所。タイのメーソットの町にある。

図書館で過ごしました。学校がある日も、お昼時間に図書館に行きました（中略）。

絵本に描かれている美しい絵を見るために、何度も同じ絵本を読みました。一番好きだったのは、お絵描きの日です。家には絵を描くものがなかったので、図書館に行って描きました。とくに、タイとミャンマーの美しい風景を描くことが好きでした。

絵本コンテスト*には毎年参加していましたが、ずっと賞をとることができませんでした。ある年、ぼくの絵が賞をとったと知りました。はじめて出版された絵本を見たときは、本当にうれしかったです。そして、絵本コンテストに応募したことが今の自分につながっていると思います。

ぼくの人生はアメリカに来て*から変わりましたが、自分が世界の一部になれたとも感じています。難民キャンプでは、何物にも属していないと感じていました（中略）。

難民キャンプにいるときは、学ぶチャンスがありませんでしたが、高校卒業後、ずっと関心をもちつづけていたアートが学べる大学に進学し、絵画を専攻することができました。その後、アニメーションを専攻し、絵画や映画制作、

アメリカで暮らしているカレン族のシーショーさんは、現在アート系の学校で生徒にアートを教えている

＊絵本コンテスト：シャンティが開催していた絵本コンテスト。シーショーさんは16歳のときに絵の部門で最優秀賞を受賞（2009年）。『2人の王子』という題名で出版され、子どもたちに読み継がれている。

＊2010年6月、アメリカに第三国定住した。

写真撮影の手法なども学びました。

そして、２０１７年3月に大学を卒業することになりました。大学を卒業したら、アニメーションの仕事につきたいと思っています。そして、機会があったら、子どもたちにアートの楽しさを教えたいと思っています。

ぼくが難民キャンプにいたときには、図書館が知識を得る唯一の場所でした。今、難民キャンプにいる子どもたちには、ぜひ図書館で本を読み、世界を知ってほしいと思っています。そして、自分が将来なにになりたいかを考えてほしいです。そうすると、きっと夢が見つかります（後略）」

２００５年からはじまったミャンマー（ビルマ）難民に対する第三国定住政策*によって、これまでに10万人が難民キャンプから出て、新しい国に移住しています。さまざまな事情で、かつて自分たちのおじいさんやお父さんたちが育ったふるさとの村に帰ることができない少数民族は、祖国をあとにしなければなりませんが、学校や図書館でカレン族の言葉を取り戻した人びとは、「わたしたちはカレン人です。カレン文化を伝えていくために、カレン語で書かれた絵本をもっていきたい」と話します。不安と希望を胸に新しい国に旅立つとき、心の中にあるのは、カレン人としての誇りなのです。

＊**第三国定住政策**：36ページ参照。

鉄くずを拾う子どもたちも図書館においで

子どもたちが小学校に通えるのが一番よいのですが、紛争下の地域ではそれが叶《かな》わない子どもたちがいっぱいいます。

アフガニスタンでは、子どもが家の暮らしを助けるためにさまざまな仕事について、お金を稼いでいます。それを親に渡して、家計の足しにしているのです。子どもにできる仕事は、農村、都市などによってさまざまですが、農家から集められた野菜を川で洗う作業、屋台の手伝い、1人で外に出られない女性に代わって市場に買いものに行くことです。

空爆のあとや攻撃がやんだあとに、子どもたちがやっているのが鉄くず拾い*です。落ちている爆弾の破片などの鉄くずを拾って、鉄くずを買ってくれる業者に渡してお金に換えてもらうのです。7歳から12歳くらいの子どもが2、3人のグループになって道の隅々まで鉄くずを探している姿があちこちで見られます。

朝から晩まで鉄くずを拾っていると、学校に行くことはできません。子ども

路上で遊ぶ子どもたち（アフガニスタン）

路上で売れるものを探す子どもたち（アフガニスタン）

たちに声をかけて、困っていることはないかと聞いてみました。なんと、「腹痛」という答えが返ってきました。

子どもたちは、ゴミ捨て場で見つけた残飯を食べたり、ドブ川の水を飲んだり、体を洗ったりしているのです。それが原因でお腹を壊しているのでした。

あるとき、悲しい事件が起こりました。鉄くずと思って拾ったものが、じつはペン型爆弾*だったのです。きらきらしたペンを見つけた子どもはズタ袋に入れて、鉄くず探しをつづけていたのですが、突然爆発したのです。幼い子どもの命はあっという間に吹き飛ばされてしまいました。

2003年のことでしたが、この不発弾爆発事件もきっかけになって、アフガニスタンで子ども図書館を開館しました。図書館に来れば、きれいな水があり、本がたくさんあります。図書館に来る子どもたちに、図書館のスタッフは、汚い水の危険性や、不発弾の危険などについて話すことができます。

図書館に来る子どもの中に、ブリクナちゃん（12歳）という女の子がいました。お母さんは病死し、病気がちのお父さんとお姉さんたちと暮らしています。お父さんは働くことができず、住んでいる家は屋根や壁がかろうじてある有様です。

＊鉄くず拾い：毎日、朝夕鉄くずやプラスチックゴミを集め、1週間で日本円にして200円ほど、月に800円ほどになるが、月の収入が平均約5000円のアフガニスタンでは子どもの稼ぎも無視できない。

＊ペン型爆弾：米軍などは、文房具やおもちゃ、食べものなどに似せた爆弾を空からばらまいた。かなりの率で不発弾になり、子どもが拾って爆死するケースも起きている。

アフガニスタンの市場

ある日、ブリクナちゃんが図書館から帰っていく姿を見ました。ブリクナちゃんの澄んだ声はいつも大きくて清々しいのですが、図書館の門を出た瞬間に彼女の笑顔は消え、まるで戦場に向かう兵士のような緊張した顔でした。幼い弟の手を引いて歩く姿に、声をかけることができませんでした。

道端で鉄くずを拾っている子どもたちの顔はまるで戦場にいるかのようにきびしいのです。いつ銃撃を受けるか、拾った不発弾が爆発するかもしれないとすれば、当然かもしれません。そんな子どもたちが、絵本の読み聞かせのとき目を輝かせ、あどけない顔を見せ、子どもにもどる瞬間があります。

子どもが子どもでいられない状況がアフガニスタンにはあります。教育を受けられない子どもたちは、さまざまな危険が潜んでいることも知らずにいます。子どもたちの今と将来を守る場所*が必要なのです。今もなお、アフガニスタンでは50％の小学校に校舎がなく、90％の小学校には図書室がありません。

＊青空教室や簡易な小屋での授業は、安全面が心配で学校に通わせない親がいるが、校舎が建ち、授業の内容が向上すると通学率が上昇する。

荒野で勉強している青空教室の子どもたち（アフガニスタン）

子ども図書館では女の子と男の子が一緒に本を手にとり楽しむ（アフガニスタン）

カンボジアでのコミュニティ図書館

カンボジアのコンポントム州にあるニーペック村は、35年ほど前は激戦地でした。ポル・ポト軍と政府軍が入り乱れて内戦をくり返し、村が襲撃されて焼き払われ、人びとはジャングルを逃げ惑って、難民キャンプにたどり着いた人たちも大勢いました。戦闘が終わり、村に人がもどってきましたが、内戦のあいだに大人になった人はほとんど学校に通うことができませんでした。

ニーペック村は、6000人あまりの農民が暮らす村ですが、わたしたちが調査に訪れたとき、多くの村の人から「借金」をしているという悩みを打ち明けられました。借金の原因は、家族の病気やけがの治療費、肥料代、結婚式や葬式などの費用などでした。

現金収入がほとんどないので、まとまったお金が必要なときには、親せきや高利貸し*からお金を借りて、急場をしのいでいるのです。

治療費や薬代にお金が必要だったといっても、大きな手術をしたからというのはまれで、腹痛や下痢《げり》、マラリアなどの普通にかかる病気なのですが、くり

カンボジア・ニーペック村にあるコミュニティ図書館

＊高利貸し：金貸し、地主、肥料販売業者などが、高い利息を取ってお金を貸しつける。収穫時の販売代金や土地を担保に取ってお金を貸しつけることもあり、お金を返せないと土地や子どもを取り上げることもある。

返し病気になることで、薬代が家計を苦しくさせるのです。

家々の水がめをのぞいてみると水が濁っていて、たくさんのボウフラが浮いています。これを飲み水*にしたり、調理に使っているのです。この水が腹痛や下痢などの感染症の原因になっています。飲料水と健康と貧困が関連しているのです。安全な水に関する知識がない*と、この状態は改善されません。

また、村全体で水道施設を整備できない貧しさが、より深刻な乳幼児死亡を招き寄せているのです。ごく軽症な下痢や脱水症状でも、乳幼児は命を落としてしまいます。村には、急病・重症の患者を診察できる診療所がなく、町まで出ていく交通費もなかなか工面できません。

作物をつくるためにかかったお金と作物を売ったお金の収支計算ができないままで農業をつづけているために、仲買人に不当な安値で買いたたかれて、大損をしている農民もいます。肥料や農薬の適正な使い方をよく理解しないままに、見よう見まねで使っている人もいます。

病気にならないために、家の暮らしを守るために、読み書き・計算ができることはとても重要なことなのです。コミュニティ図書館の活動をはじめる前におこなったモニタリング*では、78%の村人が「読み書きできないことで、不便

カンボジアのニーペック村の風景

*ニーペック村では井戸水や雨水をためて生活用水として使用している。

*世界では安全な水を飲めない人口が7億5000万人いるとされている。

***モニタリング**：58ページ参照。

や不安を感じた」と答えました。

説明書きが読めないので薬の飲み方がわからない、袋の注意書きが読めず農薬を飲ませてしまった、計算ができないのでお米を売ったとき金額をごまかされた、契約書にサインして土地をだまし取られたなど、たくさんの訴えがありました。「文字が読めるようになったらどんな情報がほしいか」とたずねると、米の取引価格などの農業関連の情報や、薬や病気のことを知るための健康情報が必要との答えが返ってきました。

村に必要な4つのこと

この村人たちの状況を変えるには、この村に図書室と識字教室を一緒にした施設と活動が必要であることがわかってきました。

①図書館づくり、②識字教室*の開催、③農業研修・保健衛生の講習や体験学習、④スポーツ・文化活動などのライフスキル*講座の開催。

村人たちと相談した結果、このような4つの活動の柱が出されました。

この4つのアイデアを中心に、2014年にカンボジア教育局と村の委員会

＊識字教室：まずは自分の名前を書けるようになること。カンボジアではクメール文字の読み方、書き方、身近な文字の読み方、書き方を学ぶ。

＊ライフスキル：生活技術。考える力、批判的な思考、人の気持ちを想像する力、共感する力など、自分自身と他人との人間関係を調整するために必要な能力。

＊図書館の運営：村や州などが運営する図書館とシャンティが直営する図書館がある。2017年現在、直接運営するのは31館。カンボジア6館、ミャンマー（ビルマ）難民キャンプ21館、タイ・バンコクのスラム3館、アフガニスタン1館。

の運営*でコミュニティ図書館*が建てられました。コミュニティ図書館は、住民の生活向上と村の発展を目的にしています。子どもから大人まで、村の人びとが集まってくる、生涯学習センターといってもよいでしょう。だれにでも開かれ、個人の教育支援、地域文化の保護、適切な情報サービスを提供することができる図書館として運営されています。

　コミュニティ図書館の識字教室は夜開催のため、農作業を終えた村人が通うのは簡単なことではありません。しかし、図書館のスタッフが参加を呼びかけていると、「せめて自分の名前くらいは書いてみたい」と大勢の村人が集まってきました。識字教室では村人の生活に直結する農作物の収穫向上の方法も学ぶことができます。このように学びと生活がつながることが村人の学ぶ意欲を高めます。

＊コミュニティ図書館：ユネスコの「公共図書館宣言」（73ページ参照）を原則として活動をおこなっている。

■コミュニティ図書館の識字教室に通う村のお母さんたち
　この村ではさまざまな理由で学校をつづけられなくなった大人たちが、文字を忘れないためにコミュニティ図書館に通っている（カンボジア）

図書館に通いはじめると……

チャンティさん（26歳）は、今は8歳と6歳の男の子のお母さんです。チャンティさんは小学校1年生が終わるころに、親から弟や妹の面倒をみるために学校をやめるようにいわれました。学校に払うお金が出せないといわれ、それ以来学校には通ったことはありません。15歳のとき、首都のプノンペンに行き縫製工場で働いていましたが、17歳で結婚して夫のふるさとである今の村に移住しました。

日々の生活の中で、村からの通知や結婚式の招待状が読めず、近所の字が読める人に読んでもらうことがつづきました。そこでチャンティさんは識字教室に通うことを決めました。チャンティさんは識字教室ではじめて自分の名前を書いたときは、飛びあがるほどうれしく、7カ月でどうにか手紙が書けるようになり、今では図書館に行って本を読むようになりました。野菜の育て方の本を読んでさっそく実践しています。

もう1人、チア・サリーさん（36歳）は図書館の近所に、夫と4人の子どもと暮らしていますが、図書館がオープンした当時からいろいろな活動に参加

識字教室で読み書きを学んだチャンティさん（右から2番目）と家族

＊**農業研修講座**：農業に関する知識を学ぶ講座。野菜栽培、養鶏《ようけい》、稲作の講座がある。農業普及員などが講師になっている。

＊**若者教育**：2012年、ユネスコが発表した「万人の教育」というモニタリングレポートでは、若者が技術に特化した職業訓練を受けただけでは、社会に出たときにうまく適応できないという実態が報告されている。

してきました。識字教室に通いはじめたサリーさんの言葉がとても印象的で、「読み書きを習って、自分に自信がもてるようになった」というのです。

「掲示板のポスターや役所のお知らせが読めるようになりました。本も字が大きいものなら読めます。栄養のバランスを考えて野菜を食べることや、貯金をする意味もわかりました。生活に役立つ知識や技術を知っていると、人とも堂々と話せるようになりました」

サリーさんが素敵なのは、自分が学んだことを村人に伝えるために、図書館が毎月開催する生活向上研修会の講師を引き受けたり、農業研修講座*を受講して農業普及員の資格を得て、村の農業指導者としても活動していることです。

汚い水を飲めばお腹を壊す。安全な水を確保する方法を考える。栄養の知識を知れば病気を予防するようになる。このように1つずつの知識の積み重ねによって、一人ひとりの生活がすこしずつ改善され、やがて村全体の生活環境が大きく変わっていくことをわたしたちは学びました。

十分な学校教育を受けていない子どもや青年たちには、ライフスキルを身につけさせる若者教育*の重要性に気づきました。若者が社会の一員として活躍するには、他人とのよりよい関係をつくりあげたり、身のまわりで起こってくる

■カウ・コーちゃん(13歳)とおばあちゃん
小学校5年生で退学したコーちゃんは、図書館におばあちゃんと一緒に通っている。「はじめて図書館に入ったときはこんなにたくさんの本があって自由に読めるなんて、夢のようでした。学校には本がありましたが、家には本がないので、今は図書館に来ないと読めません。学校で習った読み書きを忘れるのがこわいから、図書館で本を読んでいます」(カンボジアのコンポントム州)

問題を解決したり、対人関係などで避けられないストレスを自分でコントロールする力を学ぶ必要があります。

移動図書館からはじまったカンボジアの学校図書館

カンボジアでは１９９２年まで、図書室を設置している小学校は1校もありませんでした。「本」の大切さは認識されていたものの、学校の先生たちでさえ、図書室がどのような場所かを理解している方は少なかったのです。

そこで、１９９３年から図書館活動に理解のある学校を訪問して、移動図書館活動をおこなうようになりました。移動図書館活動では、集まってきた子どもたちと簡単なゲームやダンスを通して緊張をほぐしてから、絵本や紙芝居の「読み聞かせ」を行います。

わたしたちの移動図書館活動での子どもたちとの接し方は、「教師が話し、生徒は静かに聞いてノートをとる。あるいは、教科書に書いてあることを声に出して読み、暗唱する。おしゃべりすると、木の棒でたたかれる」といった、アジア各国で主流になっている教授法とは真逆なものでした。

小学校での読み聞かせ（１９９６年5月15日、カンダール州タクマオ養成学校）

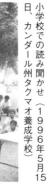

移動図書館車がやってくると子どもたちが集まってくる。読みたい本を手にとる姉妹（カンボジア）

この移動図書館活動を視察した教育省の担当官は、当時「これは教育ではなく〝猿芸〟だ」とつぶやきました。教師が子どもに教え込む一方的な教育法を信じる人にとって、絵本の世界を生き生きと再現する子どもの姿を教育だと思えなかったのでしょう。

しかし、子どもたちが絵本の世界に夢中になる様子を知った先生たちから、「わたしの学校にも来てほしい」という声がつぎつぎと届きました。うれしい展開でしたが、訪問する学校が増えると、1校に行く回数が減ってしまいます。

子どもたちにとっては、毎日、短時間でも絵本にふれることが必要です。そこで移動図書館活動を希望する学校には絵本を置いてもらい、「おはなし」ができる先生を育てることが必要になりました。そして、先生を対象にした研修会を開催して、おはなしの読み聞かせの方法だけではなく、なぜ絵本が子どもたちにとって重要なのか、理論も学んでもらいました。

この研修を受けた先生たちが自分の学校にもどると、さっそく図書館づくりをはじめました。しかし、すぐに予算が割りあてられ、本棚や机が買えるわけではありません。

ここからが先生たちの知恵の出しどころでした。ある学校では、使わなく

「おはなし」を聞く子どもたち（2000年6月10日、コンポンチュナン州ロレアップエア郡クロアス小学校）

なった古い黒板を材料にして本棚をつくり、別の学校では、壁に針金を張り、洗濯ばさみをつけて、壁を本の展示コーナーにしました。空き教室がない学校は、教員の部屋の半分を図書コーナーにしました。肝心の本は、NGOや寄付、教育省からの配本で次第に集まってきます。このようにして、それぞれの学校が図書館活動にとって不可欠な4つの要素（①図書館〔本と出会う機会・場所〕、②さまざまな本〔種類と冊数〕、③図書館員〔運営スタッフ〕、④読み手である子どもたち）を整備していったのです。

カンボジアの農村部にある小学校の図書館員をしているエ・キムセットさん（39歳）は、つぎのように話します。

「わたしは5年前からは図書館員をしています。研修を受けるまでは、図書館運営の知識やスキルもなく、学校には十分な本や設備はありませんでした。本を管理する方法を知らなかったので、よく紛失していました。研修を受けて、効率的な運営をするようになると、本の紛失件数も少なくなりました。所蔵する本も増え、本棚も整い、見違えるようになりました。

今では、地域住民も図書館に来て本を借ります。地域の人が購入した本を図書館に寄贈したり、子どもたちが学校に行くように説得するなど、協力しても

教室の壁につるされた本

らっています」

学校図書館を整備し、広めるためには、たくさんの人びとの協力が必要になります。図書館の活動がつづいていくためには、行政や地域住民の連携したバックアップが不可欠です。

２０１１年、カンボジアでは、複数のＮＧＯと協力して教育省とともに、「図書館・読書推進ガイドライン」*を作成しました。このガイドラインは、教育省の正式な方針になり、図書館関係者の研修テキストとして使用されています。

余談ですが、２０１５年、カンボジア政府は3月11日を「国民読書の日」に制定し「読書習慣や読書の文化、読み書きの能力の向上を推進し、カンボジアの文化の保存と発展に寄与する」ことを掲げました。この「国民読書の日」の由来は、カンボジア仏教界のチュアン・ナット大僧正《だいそうじょう》の誕生日なのです。大僧正は、クメール語辞典の制作に20年あまりの歳月をかけ、１９３８年に刊行。しかし、ポル・ポト政権下の焚書《ふんしょ》政策や戦乱の中で、多くの辞典が失われてしまいました。*

20年以上、カンボジアの農村や都市部のスラムで先生や住民と一緒に図書館活動を継続した結果、今ではカンボジア全土の小学校４６００校、全体の65％

＊図書館・読書推進ガイドライン：２０１１年、学校図書館の設置基準や運営、モニタリング、報告方法などが書かれている。

＊シャンティが「カンボジアの文化の復興のためには、辞典が必要だ」との思いから、１９８３年、１９８９年に各２０００部の復刻版を刊行。まえがきには、「長かった内戦とその後の政治的困難を乗り越え、荒廃した国土と文化の復興に全力を注いでおられるカンボジアとその国民に心から敬意を表すると共に、この辞典を、クメールの文化と教育の再建のために努力されている方々に、日本からの友情の証しとして贈呈します」と記載されている。

学校の図書室で好きな絵本を読む子どもたち（カンボジア）

に学校図書室が整備*されるようになりました。

移動図書館が子どもたちに本を届ける

■移動図書館のスタッフが大活躍

図書館が近くにない村や学校、スラムにはカラフルにペイントされた移動図書館車が本を届けます。車の大きさは、その国の道路事情に合わせて、でこぼこした道を走るカンボジアでは4WDの改造車、タイではミニバンを改造、ミャンマーでは三輪バイクの移動図書館バイクが活躍しています。

事前に村や学校、保育園などと話し合い、回数や時間帯、曜日などを決めます。学校や保育園のように屋内でやるときと、スラムでは空き地や高架下など、子どもが集まれる場所が選ばれます。

移動図書館活動をおこなうスタッフは、担当省庁の職員や図書館員、ボランティアです。スタッフは、練習をくり返して、読み聞かせの腕を磨きます。移動図書館のプログラムは、つぎのように進行します。

*カンボジア、アフガニスタンを中心に学校図書室を広める活動をつづけ、これまでに700以上の学校図書室を整備してきた。

ミャンマー初の移動図書館バイク

①アイスブレイク*のための歌やダンス
②参加者の年齢に合わせた絵本の「読み聞かせ」
③人形劇や紙芝居、パネルシアター*など
④自由読書の時間

たとえ本棚がなくても、本を見ると、待っていましたとばかりに、子どもたちが駆け寄ってきます。はじめて読む絵本、もう一度読む絵本、子どもが好きな絵本を選び、ページをめくります。スタッフのまねをして、妹や弟に読み聞かせをする子どももいます。絵をながめながらページをめくる子ども。

絵本を楽しむのは子どもたちだけではありません。大人たちも、すこし離れたところから様子を見ています。ときには、読み聞かせに笑い、涙します。

■ラオスの移動図書館にはボートで行く

ラオスでは、１９８９年から全国読書推進運動という政策を小学校を対象に展開していましたが、山奥の小学校には図書室どころか本もない状況でした。地方の小学校の中には、小さな木のボートでしか、たどり着けないところもあ

***アイスブレイク**：アイスブレーキングともいい、「氷を壊す、溶かす」という意味。初対面の参加者の不安や緊張をときほぐすための手法。自己紹介、簡単なゲームなどをおこなう。

***パネルシアター**：パネル布で覆った舞台にパネル布に貼りつくペーパーで人形や文字を切り抜き、貼ったり、はがしたりしながら話を展開する実演。1973年、僧侶の古宇田亮順氏が創案。保育園・幼稚園・小学校などでおこなわれている。

ります。

一度に運べる300冊程度の本を水でぬれないようにビニール袋に入れ、かごに詰めてボートで運びます。スタッフはライフジャケットを着用し、のんびり流れる川の流れに逆らって、ボートで1時間ほどの学校に向かいます。川岸に到着すると、高学年の子どもたちが学校までの運搬を手伝ってくれます。川岸から足場のわるい坂を上るのは、子どもたちのほうが得意です。

本が到着すると、すぐに子どもたちが駆け寄ってきます。低学年の子どもたちが集まってくると、読み聞かせがはじまります。読書の時間が終わると、教室の後ろにある図書コーナーに本を設置します。設置した本は子どもたちが休み時間などに自由に読んだり、授業の中で先生が活用しています。

活動地域の農村の学校や山奥の村、険しい山が連なる国境の難民キャンプに本を届けるのは容易なことではありません。雨の少ない乾季には車で行けますが、雨季には車では行けない村もあります。たくさんの本を積んだ移動図書館車も行けない地域がたくさんあります。それでも、本を待つ子どもたちに届けるため、さまざまな方法を考えて本を運んでいきます。

ボートに本を積む移動図書館のスタッフ（ラオス）

ラオスの移動図書館車

■ミャンマーの移動図書館バイク

ミャンマーでは、三輪バイクのうしろに本棚をのせて本を運ぶ移動図書館バイクが活躍しています。田舎の道は舗装されていません。道路はせまくデコボコで、雨季になると車輪が泥にはまって動きがとれなくなります。

でもバイクであれば、細い道もすいすい通れます。バイクのうしろには、特注の本棚がとりつけられています。何度も試行錯誤しながら、子どもたちが本を手にとりやすい高さを計算し、とりつけました。子どもたちが絵本を読んでいるイラストシールが貼られた扉を開くと、たくさんの絵本が現れるしかけになっています。

■人の手で運ぶ移動図書館

険しい山肌にある難民キャンプでは、住宅や学校、図書館も傾斜地に建てられています。山道の上にある図書館には、ボランティアや生徒が袋に入った本をかついで運びあげます。本が入った袋は、3キロ近くなることもあります。大切な本を落とさないように、一歩一歩踏みしめながら上ります。

難民キャンプまでつり橋を渡って本を運ぶ

『おおきなかぶ』（福音館書店）のビッグブックを使って読み聞かせをする先生と子どもたち（ミャンマー）

第5章
人を育てる図書館

図書館員を育てる図書館研修

第4章では、各地での図書館活動の話を紹介してきましたが、その活動の経験から図書館には4つの大切な要素〔①図書館〔本と出会う機会・場所〕、②さまざまな本〔種類と冊数〕、③図書館員〔運営スタッフ〕、④読み手である子どもたち〕があることに気がつきました。

子どもたちが本を手にするためには、4つの中でもとくに3番目の〝橋渡しする人〟の存在が不可欠です。本棚があり、本があっても、本を手渡す人がいなければ、本が高く積まれたまま、書架《しょか》にかぎがかけられてしまい、本の倉庫になってしまいます。

図書館を運営していくには図書館員がとても重要です。わたしたちが各地でくり返しおこなっている研修会では、図書館の社会的な役割、読書の意義などの理論講座*、図書館を運営するための方法*、読み聞かせの技術などの実践指導*を教えています。

1993年から2016年までの23年間で、2万8000人を超える学校の

***理論講座**：読書推進の教育的意義、学校教育で読書を取り込む意義、子どもの発達心理と読書の関係などの理論を学ぶ。

***図書館運営の方法**：図書の分類、貸し出し、管理、利用者の記録、修理の基本、世代に合わせた対人コミュニケーションのコツや、問題解決の方法など、多岐にわたる。

***実践指導**：本のもち方、声の出し方、立ち方、絵本の選び方、子どもの緊張をほぐすためのゲームやダンスなどの講習。

先生、図書館に関わる人びとが研修に参加しました。本を通して子どもたちが成長するためには、図書館の運営から読み聞かせの技術まで、絵本にこめられたメッセージが伝えられる場所と人が必要なのです。

生まれ変わったミャンマーの図書館

ミャンマーは、２０１１年まで軍事政権下にあり、軍事政権下では図書館は情報省の管轄下にありました。図書館は軍事政権のプロパガンダ機関として政権にとって有利な情報を提供していました。総選挙によって政権が民政移管*したあと、図書館の位置づけも変わり、本来の図書館の役割に沿って運営されるようになりました。

しかし、長いあいだプロパガンダ機関だった図書館は人びとにとって遠い存在でした。あわせて、図書館を運営する人たちに利用者サービス、児童サービス*という考え方がなく、ゼロからのスタートでした。

ミャンマーで児童サービスがスタートしてから1年経った２０１４年、情報局職員で図書館を担当しているティン・トゥン・ミンさんは、「子どもたちは

＊ミャンマーの民政移管：29ページ参照。

＊児童サービス：子どもの利用者に対しては、図書館に来館する動機づけとしての読み聞かせ、人形劇などの企画、図書館のない地域への移動図書館活動など。

■情報局職員のティン・トゥン・ミンさん
「児童スペースがつくられたころ、ほとんどの子どもは絵本にふれませんでしたが、次第に絵本を手にとって読むようになりました。読み聞かせの活動の効果だと思います。子どもたちにとっても公共図書館はこわい存在だったようですが、児童スペースのおかげで図書館に子どもたちが集まるようになりました」

お話が本当に好きだということを実感した」と語っています。

ティンさんは「パネルシアター」*の研修も受けています。研修を受けた数日後、ティンさんは「洪水に遭った村の子どもたちにパネルシアターを見せてあげたい」と、わたしたちのミャンマー事務所にパネルの貸し出しを連絡してきました。

絵本を楽しんでいる子どもたちの様子を見て、情報省の職員も児童サービスはとても大切なものだと強く感じはじめたのです。ティンさんのように、積極的に図書館活動に関わる人がいることで、児童サービスが徐々に理解されはじめています。

カンボジアの小学校の先生シエン・ボティさん

研修を受ける前は図書館の役割に半信半疑だった学校の先生たちも、図書室に子どもが集まりだし、本を読むようになると子どもたちの雰囲気が変わっていくことに気づきはじめます。

シエン・ボティさん（52歳）は、30年間コーク・トローク小学校の教員として働いています。シエン・ボティさんが中学校を卒業した１９７５年ごろ

*パネルシアター：93ページ参照。

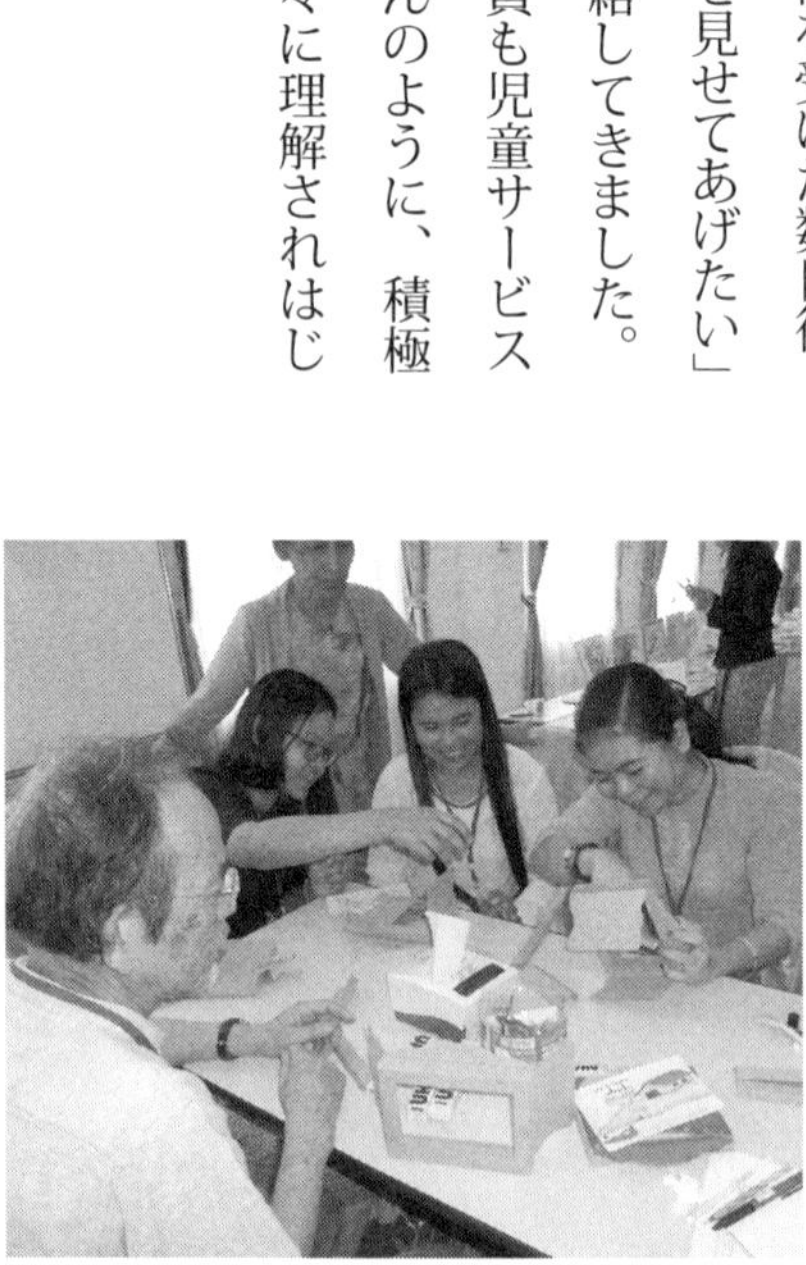
絵本出版研修会で学ぶ先生たち（ミャンマー）

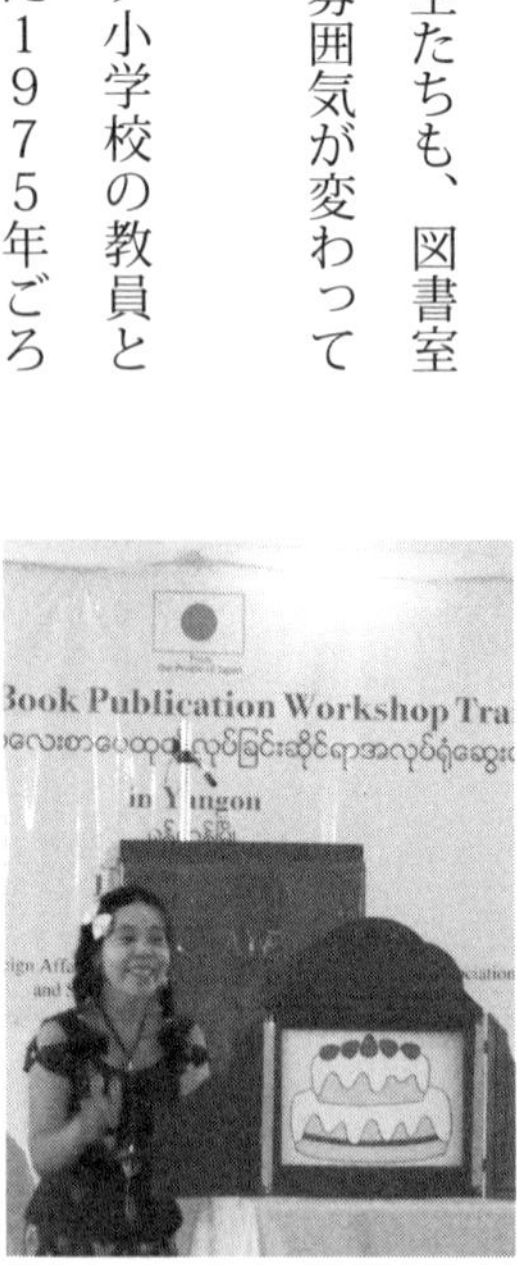

紙芝居研修会で紙芝居の魅力を伝える（ミャンマー）

はまだ内戦中*で、中学の卒業資格でも村の先生になれた時代でした。

シエン・ボティさんはこの村でずっと教員をしていますが、この数年で村の道路事情がよくなり、電気も通るようになり、家庭の環境もすこしずつよくなって、学校に制服を着て来る子どもが増えたと話します。ある日、校長先生から図書館員になってほしいと選出されました。本が好きだったシエン・ボティさんは、今まで以上に本が読めると喜び、子どもたちにも、もっと本を読んでもらいたいと思いました。

当時は学校には図書館がなく、職員室の一角に50冊の本を置いて図書コーナーにしました。図書館の活動のことも、どのように子どもに本をすすめたらいいかも、まったくわかりませんでした。いろいろと工夫してみましたが、子どもたちは図書コーナーの本をなかなか読みませんでした。３年後、教室を改装して図書室にすると、月の利用者が１５００人ほどになりました。

その後、２０１２年に独立した図書館が完成し最初に図書館に入ったときは、たくさんの本と広いスペースがあり、とても感激したといいます。シエン・ボティさんはシャンティの研修を受けて図書館運営の基本を学びました。

借りた本はもとの場所にもどす、本を借りたら決まった日にちまでに返す、

カンボジアの小学校の先生シエン・ボティさん

***カンボジアの内戦**：１９７５年からのポル・ポト時代、１９７９年から１９８９年までは内戦がつづいた。14ページ参照。

つぎの人のためにきれいに読むなど、当たり前のことですが、小学校に入学したばかりの子どもにはこのルールを守ることはむずかしいことです。こうしたルールを子どもたちにくり返し教えることで、子どもたちの様子が変わっていきました。

シエン・ボティさんは、毎日学校に来ると図書館を開け、夕方5時になると閉めます。生徒数が１２８０人の小学校ですが、図書館を利用する子どもの多くが女の子で、敷地内にある幼稚園も含めて、月に延べ５０００人ほどが図書館を利用しています。

図書館ができてからは、子どもたちは早く学校に来るようになりました。授業がはじまる前に本を読む子、本を返す子など、図書館が生活の一部になると、欠席する子どもが減り、ルールを守る意識が見られるようになり、勉強に集中する子どもが増えていきました。

絵本を使って授業をおこなうと、一方的に知識だけを教えていたときより、子どもたちとのコミュニケーションが増えていったのです。子どもたちとのやりとりによって、子どもたちの理解度がわかったり、子どもたちが再確認をすることができます。たとえば、読み聞かせしてもらって知った本を、自分で読

新しくなったシエン・ボティさんの学校図書館（カンボジア）

むことで理解を深めたり、子ども同士で読み聞かせもできるようになりました。

先生にとっても研修は重要でした。じつは、先生自身も子どもたちとどうコミュニケーションをとってよいのかわからず、どうしたら子どもたちが自発的に学ぶようになるか、教育研修を受けたことがなかったのです。

シエン・ボティさんのように、内戦を経験した世代は、高等教育を受けることができませんでした。現在、カンボジアの教育は都市部と地方の質の格差の問題もあります。その中で、図書館が果たす役割がとても大きくなっています。

シエン・ボティさんの夢は、子どもたちが図書館の本からさまざまな知識を得て、社会で活躍してくれること、教え子の中から作家が誕生してほしいと期待しています。

難民キャンプの図書館ユースボランティア
ノージャーポーさんの夢

ミャンマー（ビルマ）難民キャンプでは、高校までの教育は受けられますが、職業につくための職業訓練、生涯教育のプログラムがありません。高校を

図書館を利用する女の子たち（カンボジア）

卒業しても、難民キャンプの中で就職先がないため、結婚して、子どもを育てることが中心の生活となってしまいます。住居や食べることには支援があるため困りませんが、難民キャンプの外に自由に出ていくことができませんので、将来の夢を抱くことがむずかしいのです。中には、ドラッグやアルコールに依存する人もいます。難民キャンプでは、電気が供給されず、公園などの施設もありません。子どもたちは、学校が終わると、家に帰り、家事手伝いか、家の外で遊ぶしかありません。

ノージャーポーさん（24歳）は、タイの難民キャンプで生まれたカレン族で、ビルマ軍から逃げるため、両親と一緒に難民キャンプに身を寄せました。とても貧しくて、人にお金を借りる生活でした。親からは「人のモノを盗んでこい」といわれて育ちました。ほかの子たちは学校に通い、とても幸せそうに見えました。暮らしが落ち着いてきたのは、12歳のときです。親がやっと借金を返すことができたのです。難民キャンプの小学校にはときどき通っていましたが、親の手伝いをするときは行かなくなるなど、不定期に通うような子どもでした。

ノージャーポーさんは、難民キャンプの図書館に入ってみたいと思っていましたが、図書館は大人しか入れない場所だと思っていました。あるとき人形劇や絵本の読み聞かせがあるよ、と図書館の人が教えてくれ、「一緒に楽しもう」と誘ってくれたのです。

ほかの子どもたちは、親に本を読んでもらっていましたが、ノージャーポーさんの親は字が読めませんでした。自分で字が読めるようになりたいと、カレン語の読み書きを自力で学び、すこしでも読めるようになると、図書館でカレン語の雑誌を読みはじめました。雑誌には社会の出来事、宗教のこと、健康や病気のこと、趣味のことなどたくさんの記事が載っていました。毎月新しい雑誌が届くことも、図書館に通う理由になりました。

子どものころは、大人に逆らってばかりで、人を尊敬するということを知りませんでした。人に接する態度を教えてもらうことはありませんでした。汚い言葉で人を罵《ののし》ることが必要だ、とも思っていたのです。人のモノを盗み、だますことは「正しいおこない」ではないと知ったのは本を通してでした。

もし、図書館で本と出会わなかったら、今も難民キャンプの中を目的もなく歩き回る、無意味な暮らしをしていたかもしれない、とノージャーポーさんは話します。

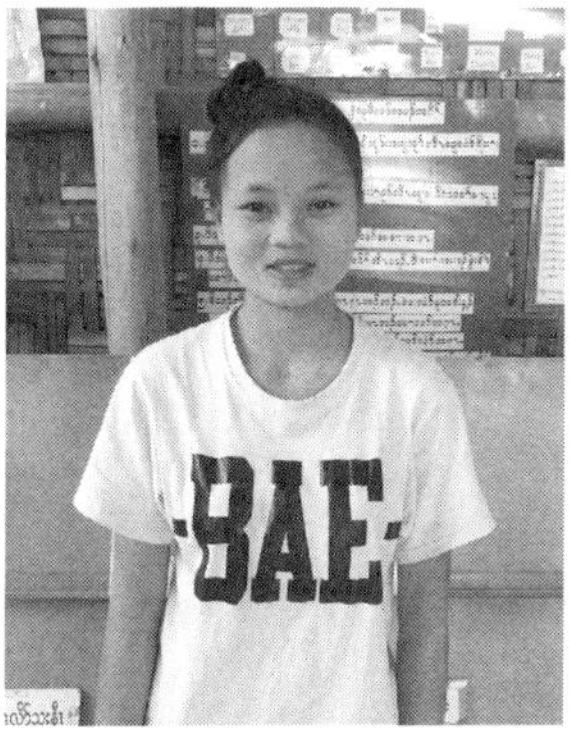

■ポーミャエイさん（19歳）
両親は、ミャンマーからタイ国境の難民キャンプに逃げてきた。小学校2年生のとき、キャラバン公演で人形劇に出会い、高校から図書館ユースボランティアに参加している。「キャラバン公演に集まってくる子どもたちは目を丸くして、人形劇、読み聞かせを楽しんでくれます。図書館や本を知らなかった子どもたちが図書館に来てくれるのはうれしいことです」と話してくれた。

ノージャーポーさんは、20歳から図書館ユースボランティア*のメンバーになりました。最初は照れ屋で、人の前に立って話したり、読み聞かせをすることはできませんでしたが、図書館で本の整理、掃除、飾りづくりなどのボランティアをつづけているうちに、自分のことを人に話せるようなり、子どもたちに読み聞かせなどの活動ができるようになりました。自信をもてるようになると、自由に動くこともできるようになったといいます。

「たとえ、あなたが知識人であろうとなかろうと、あなたがもつ権利はほかの人と一緒だ」という言葉をノージャーポーさんは大切にしているといいます。

「学校だけで勉強をしていたら、コミュニティのために働くことを学べませんでした。子どもやコミュニティの人たちがうれしそうにしているのを見て、自分もうれしくなります。高校を卒業したら、苦しんでいる人たちのために働きたい」といいます。本は知識を与え、人を成長させ人生を変える力をもっています。

将来、ノージャーポーさんは難民キャンプを出て、ミャンマーに帰ることができたら、図書館の大切さを伝える活動をしたいと思っています。

＊図書館ユースボランティア（TYV）： 図書館活動に関心がある青少年が、図書館員や図書館スタッフと一緒に活動する。住民に図書館への理解、読書への関心を高める活動をおこなう。年2回のキャラバン公演（人形劇）、人形づくりのワークショップ、演じ方の研修会への参加、毎週土曜日の地域での読み聞かせ活動などがおこなわれる。

人形劇で使う人形を縫うTYVの研修を受ける女の子たち

カレン族のノージャーポーさん。ミャンマー（ビルマ）難民キャンプの図書館で読み聞かせのボランティアをしている

自分たちで絵本を出版しよう

1994年ごろ、カンボジアでの図書館活動を通して、民話にはその国の人びとの文化や習慣が刻み込まれていて、それを保存し、次世代に伝えていくことが大事だと気がつきました。そこで村のおじいさんやおばあさんたちから地域の民話を聞きとり、看板描きの職人さんを探し出して絵を描いてもらい、絵本を出版することになったのです。「子どもに、クメール語でカンボジアの文化を知ってほしい」という思いが背景にありました。

絵本の出版は、国や地域、本によって制作にかかる費用はさまざまですが、実現するためにわたしたちは、日本の個人、団体、企業からの寄付を集め、現地で編集・出版することにしました。出版された本は、学校図書館、コミュニティ図書館に設置され、無料で子どもたちに届けられます。

この民話絵本づくりは、カンボジア国内に広がっていき、民話の絵本のほかに、歌や踊り、建築などの伝統文化、環境問題や衛生教育のような幅広いテーマを取り上げ、創作絵本が制作・出版されています。

カンボジアで出版されている民話絵本

自分たちの手で本を編集・出版するとなると、編集者、作家、イラストレーターなどの出版のプロを育成する必要があります。じつは、アジアの国で出版業が成り立っているのは、日本、韓国、中国、インドなどに限られ、わたしたちが活動している国では、ほとんど商業出版社が育っていないのです。ですから、本を出版するとなると、まずプロの育成研修が必要になります。

■ミャンマーではじめての児童図書出版研修

２０１５年には、ミャンマーで、第１回児童図書出版研修*が開催されました。主催はシャンティとミャンマー作家協会*で、国内の図書館関係者、編集者、作家、イラストレーターなどが集まって、絵本、紙芝居の創作についての研修がおこなわれたのです。

１日目の「絵地図セッション」という共同作業がとてもユニークでした。参加者が、「わたしがつくりたい絵本と児童書」というテーマで議論しながら、そこで出された「ことば」を絵地図に落とし込んでいくというグループワークでした。

「友情」「家族」「道徳」といった、仏教の文化を象徴しているテーマが多く

難民の人が描いたオリジナル絵本（ミャンマー〔ビルマ〕難民キャンプ）

＊第１回児童図書出版研修：絵本作家で識字教育専門家の田島伸二氏による講義などがあり、「児童書に携わる者のもつべき理念」「絵本とはいったいなにか」といった児童書の概論についての分科会が開かれた。「子どもたちが他人の気持ちを想像することができれば、この世界は変わっていきます」という言葉が参加者の心に深く響き、日本とミャンマーの図書館関係者の連携を深める機会になった。

＊ミャンマー作家協会：公共図書館を管轄している。

あげられたのが印象的でした。２日目は「絵地図セッション」で出されたテーマをもとに絵本を実際に制作する共同作業がおこなわれました。

翌年には、第２回児童図書出版研修が「紙芝居制作」というテーマで開かれています。紙芝居・絵本作家のやべみつのり氏をお招きして、日本の紙芝居*をミャンマーに紹介する研修会でした。イラストレーター、作家、編集者など約20人が参加しましたが、はじめて紙芝居を目にする人ばかりです。

「日本で生まれた紙芝居」「絵本と紙芝居の特質と違い」などについての講義がおこなわれ、日本から持参したさまざまな種類の紙芝居が紹介されました。「とにかく見てもらうことが理解につながり、大切です！」と、紙芝居のさまざまなテーマや手法が紹介されました。

講義の後、３日間の紙芝居制作の実習があり、①コマ絵づくり、②ひな型づくり、③紙芝居づくりがおこなわれました。グループ制作でできあがった紙芝居「動物園へ行こう」は、「参加型紙芝居」の実演デモンストレーションの教材として、使われました。その後、この研修会でつくられた5タイトルの紙芝居は公共図書館や移動図書館活動などで活用されています。

専門家を育成するこうした研修会は、各国の出版文化を育てるきっかけにな

＊紙芝居：明治時代の末に流行《はや》った人形芝居（棒つきの人形＝立絵）がはじまりで、やがて紙に絵が描かれるようになった。日本で生まれた児童文化の1つ。

ミャンマーでおこなわれた絵本作家やべみつのり氏による紙芝居の研修

ると期待しています。

タリバン時代、商業出版が禁止されたアフガニスタン

20年以上にわたって紛争がつづいたアフガニスタンでは、学校教育に国の予算が回されず、公教育が成り立っていませんでした。また、1996年から2001年のタリバン時代*には、出版業も攻撃を受けました。偶像崇拝*、異教の情報、外国情報につながるという理由から、商業出版が禁止され、多くの図書が破棄されました。

タリバン時代に発行された新聞には写真や絵が載せられず、文字だけで紙面が編集されていました。その結果、いまだにアフガニスタンでは絵本の商業出版がおこなわれていないのです。しかし、アフガニスタンでも、自分たちの手で絵本や紙芝居をつくろうという機運が出てきました。

2003年、大学の教員や詩人で構成される出版委員会がつくられ、シャンティのアフガニスタン事務所に事務局が置かれました。出版委員会のメンバーが文章の書き手になり、カブール大学芸術学科の先生が絵を描くことで絵本・

***タリバン時代**：アフガニスタンとパキスタンで活動するイスラム原理主義組織。内戦下、イスラム神学校の学生（タリバン）が結成。軍事力を強化し、1996年から2001年までアフガニスタンの大部分を支配し、「アフガニスタン・イスラーム首長国」を名乗った。コーランの原理主義的な解釈によって、日常生活での服装の規制、音楽や写真の禁止、娯楽の禁止、女子教育の禁止などを強制。タリバンはイスラム原理主義によって、イスラム以外のあらゆる価値観を否定した。

***偶像崇拝**：イスラム教では神のイメージと預言者ムハンマドの姿を描くことを厳格に禁止し、絵、写真、像による表現をタブーとしている。

紙芝居の出版がスタートしました。

　これまでに90冊の絵本と、23作の紙芝居をアフガニスタンの公用語であるパシュトゥン語とダリ語で出版しています。出版した絵本や紙芝居は、１３２校の学校図書室*に配布されました。

　子どものための本の商業出版が成立していないアフガニスタンでは、作家、イラストレーター、編集者などの知識・技能が十分ではありませんでした。そこで、２０１１年に出版委員会のメンバー14人を東京に招いて研修*をおこなうことになりました。

　東京研修のメインは、グループにわかれておこなった絵本・紙芝居の制作でした。研修の最終日に、各グループの作品を発表し、講師*や参加者の評価を受けました。

　日本の絵本・紙芝居づくりでは、作家、画家、編集者が企画・テーマについて何回も検討を重ね、ダミー版をつくっては話し合って直し、つくっては直すという作業をくり返し、より質の高い作品を目指していきます。

　ところが、アフガニスタンでは絵本を編集する技術がないため、絵本や紙芝居を制作する過程がかなり雑なものでした。たとえば、絵本の各ページの絵コ

＊アフガニスタンでシャンティが設立を支援した図書室。

＊アフガニスタンのイラストレーター、編集者、スタッフなどを招待した東京研修。読書の役割、日本の児童図書出版の歴史と現状、学校・公共図書館の歴史、制度などの講義、絵本・紙芝居のダミー制作、児童図書出版社、学校・公共図書館の訪問などがおこなわれた。

＊紙芝居・絵本作家のやべみつのり氏。

アフガニスタンでおこなわれた図書館運営研修会の様子

ンテをつくりますが、実際の本のサイズより小さい画面で、これを2回ぐらい直すだけで、いきなり本番の絵を描いていました。これでは、絵と文章のつながりを十分検討することができません。

東京研修の最大の成果は、アフガニスタンの言語に適した児童図書制作マニュアルをつくることができたことでした。たとえば、ダリ語、パシュトゥン語の文字は右から左に書くため、紙芝居の絵は左から右に人や動物が動いていくように描かれなければなりません。子どもたちから見ても右のほうに紙芝居が引かれていきますから、マイケル・ジャクソンのムーン・ウォーク*のように後ろ向きに絵が動くことになります。過去に制作してきた紙芝居はこのように逆の動きで描いてしまったものがありました。

また、本のページ数*は8の倍数でないといけないのですが、この基本的な知識がないために、最後に白紙のページができてしまったりしていました。これらの絵本・紙芝居の編集・印刷・製本の基本知識がマニュアルとしてまとめられたのです。

カンボジアから文化の継承と民話保存のためにはじまった絵本出版の活動は、ラオス、ミャンマー（ビルマ）難民キャンプ、アフガニスタン、ミャン

*たとえば、「おじいさんは山に出かけていきました」の場面は、おじいさんが左から右に家から出ていく絵にしないと、おじいさんが後ろ向きに進んでいるように見えてしまう。

＊本文のページ数：1枚の印刷用紙の表に4ページ、裏に4ページ印刷して8ページの冊子にする。2枚の印刷用紙では16ページの冊子になる。本の判型、印刷用紙のサイズによって表に8ページ、裏に8ページを印刷することもある。この場合、16で割り切れるページが最適。

東京でおこなわれた作家育成研修会でダミーをつくる様子

マー国内へと広がっています。自国の言葉、少数民族の言葉で本を出版するためには、作家、画家、編集者の養成が不可欠ですが、各地で作家・編集者の研修も実施されています。

日本の人びとを含めたたくさんの人びとの協力によって、これらの地域でこれまでに521タイトル、94万冊以上の絵本が出版されています。

図書館運営に関する教員研修（カンボジア）

図書館員育成の研修に参加する人たち（アフガニスタン）

紙芝居の読み聞かせ。たくさんの少年たちが夢中で聞いている（アフガニスタン）

アフガニスタンでシャンティが出版した紙芝居。①『私のこと知っている？』学校を大切に使う方法を教えるお話。②『白いパン』よいおこないをする人には幸せな人生が待っているという道徳的なお話。③『真実』家族は、いかなるときも貧しい人や家族を助けるようになるという『金の斧、銀の斧』のようなお話。④『旅に出たハト』旅に出たハトが旅先で苦難にあう中で、友だちと家族のあたたかさやありがたさに気づくお話。

第6章

日本発！　27万冊の絵本を届ける運動

絵本を届ける運動がはじまった

アジアの国ぐにでは、絵本が圧倒的に不足しています。たとえば、カンボジアでは、図書室のある小学校は65％しかありません。アフガニスタンでは、小学校の90％には図書室がありません。

ミャンマー（ビルマ）難民キャンプでは、２０００年まで図書館はありませんでした。現在は、21館のコミュニティ図書館で26万冊の本がありますが、日本の基準*と照らし合わせると、本来は54万冊あるのが望ましいとされます。難民キャンプにあるのは、必要冊数の50％なのです。

ミャンマーでは、２０１１年に民政移管*された後、子ども向け図書の出版はすこしずつ増えてきました。２０１４年の出版登録局データでは、登録された子どもの本は99冊、２０１５年は１０８冊となっています。しかし、その多くが漫画や雑誌を中心としたものです。子どもの本の出版社の数は２０１４年以降、増加傾向は見られず、現在も約11社のままです。子ども向けの質の高い絵本が不足しています。

＊公立図書館の設置及び運営上の望ましい基準（文部科学省）。

＊**民政移管**：軍事独裁政権から民政になった。29ページ参照。

絵本を届ける運動は、カンボジアの難民キャンプで活動し、帰国したボランティアの「日本でもなにか活動をしよう」という言葉からはじまりました。だれにでも参加しやすい活動で、子どもたちが実際に本に出会うことを実現できるアイデアでした。

ごく簡単に、絵本を届ける運動を説明すると、日本語の絵本のお話の部分の上に、現地の言葉に翻訳した訳文シールを貼りつけて、翻訳絵本をつくり、現地に届けるという活動です。この絵本を届ける運動は、１９９９年にスタートして、18年間で27万冊の絵本をアジアの国ぐにに届けることができました。

絵本が子どもたちに届くまで

毎年、３月ごろまでに、シャンティの海外事務所*から、その国や地域の子どもたちが必要としている絵本のテーマが東京の事務所に寄せられてきます。

スポーツ、文化、科学、天気、からだなど子どもたちの知識を深めるテーマから、平和、友情、倫理など心を育てるテーマまで、さまざまな本のリクエストが寄せられてきます。子どもたちの要望は、長年各国で図書館活動に携わっ

■これまでにアジア各地に届けた絵本の冊数（1999～2020年）

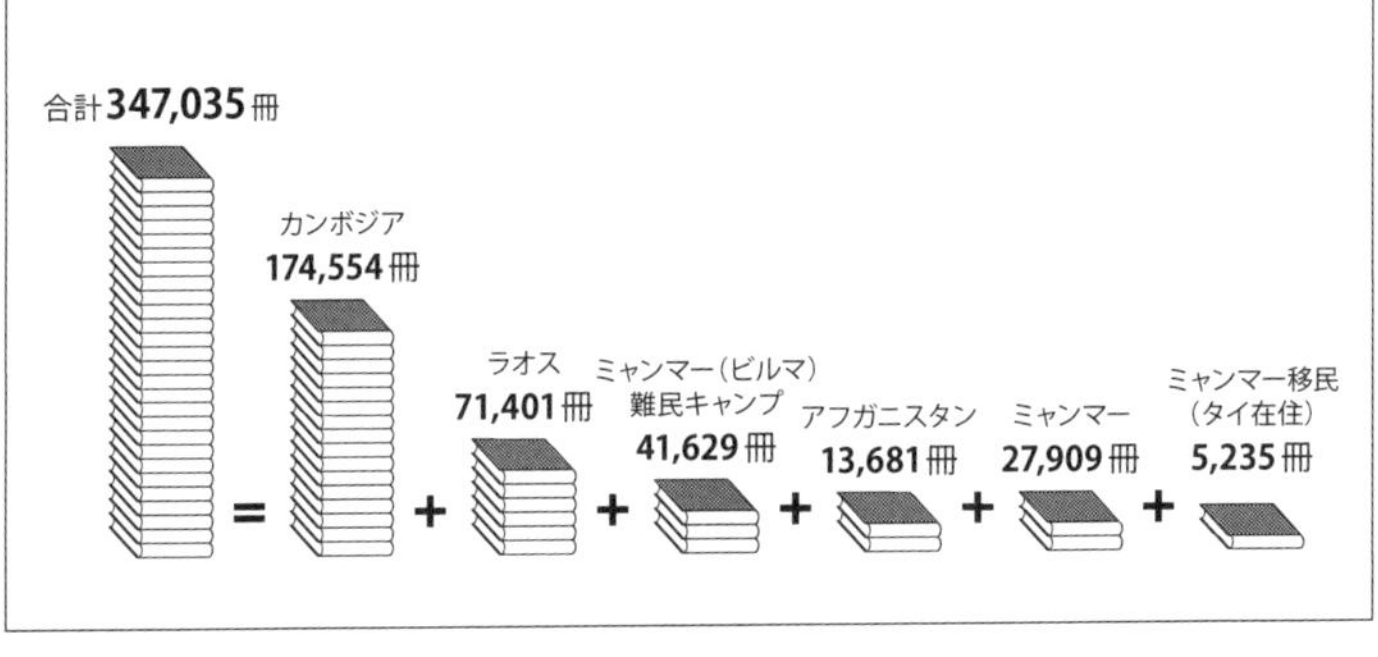

＊シャンティの海外事務所：タイ、カンボジア、ラオス、ミャンマー（ビルマ）難民事業事務所、ミャンマー、アフガニスタン、ネパール。

ている現地スタッフが集めたものです。

東京のスタッフは、図書館や書店で探したり、専門家にアドバイスを受けて、リクエストに沿った本をリストアップしていきます。リクエストのテーマに合っているかどうかだけではなく、現地語の訳文シールを貼りつけるスペースがあるか、現地語に翻訳できる内容か、擬態語が多くないか、適正なページ数であるかなどを考慮して選書していきます。

最終的に選書された本は、見本本《みほんぼん》として購入して各国事務所に送り、内容を確認してもらいます。その際、日本語の絵本は、英語の翻訳をつけて送ります。英語訳が現地語に翻訳する際のテキストになるので、英訳は入念にチェックします。さらに、東京のスタッフはリストアップした本を出版している、海外や国内の出版社に問い合わせて、著作権許諾の手続き*をします。

海外の出版社の場合は、海外のエージェントにコンタクトを取ったり、英語で手紙を書いて直接作者にお願いすることもあります。現地スタッフからリクエストを受けた本でも、著者やエージェントから許諾が下りず、泣く泣く絵本を変えることを何度も経験しています。一方、日本の出版社からは、意義を理解していただき値引きして納本していただいています。

＊著作権許諾の申請：出版された絵本にシールを貼りつける行為は、著作権の二次的使用とみなされ、著作者または著作権者の許諾が必要となる。

絵本セットサンプル（『はじめてのおつかい』福音館書店）

こうして翻訳する絵本が決まると、現地のスタッフによって現地語への翻訳作業がはじまります。

①翻訳シールづくり

著作権使用の許諾が下り、現地から翻訳テキストが届くといよいよ翻訳シールづくりがはじまります。翻訳シールのサイズは、日本語の文字が隠れるか、絵のじゃまをしないかなどを考慮して、決めていきます。文字が大きな絵本、小さな絵本、文字が多い絵本、短い説明がある絵本など、それぞれの大きさに合わせてシールのサイズを決めていくのは、根気とセンスが必要な作業です。

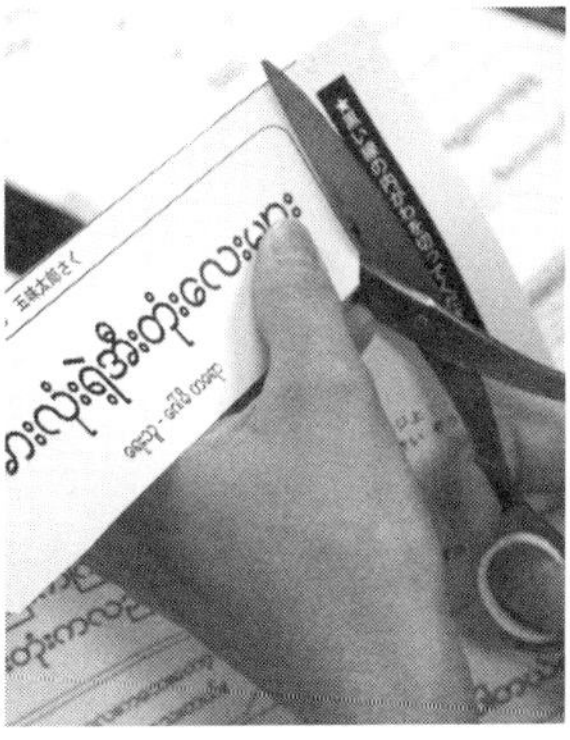

翻訳シールをサイズに合わせて切る

絵本の表紙に題名のシールを貼る

②翻訳シールを絵本に貼る

翻訳シール*ができあがると、本にシールを貼る作業をパンフレットやホームページで呼びかけます。文部科学省、公益社団法人日本図書館協会、公益社団法人読書推進運動協議会からも後援を得ているので、全国の図書館にもパンフレットを送っています。

毎年、人気の高い絵本はあっという間に参加申し込み*が埋まってしまいます。中には知らない絵本を読みたいと、新刊書を選ぶ人もいます。最終ページに現地語と日本語で翻訳絵本をつくった本人の名前を記入し、参加した証しを残すことにしています。

③翻訳絵本を点検する「絵本ドクター」

各家庭、各会社などで翻訳シールを貼った絵本が、東京事務所にもどってきます。それを、1冊ずつ点検するのが、「絵本ドクター」のみなさんです。絵本ドクターもボランティアですが、文字を逆さに貼ってしまったもの、ページを間違えて貼ったもの、しわくちゃになったり、枠線が残っていたりするものをチェックして、貼り直します。

絵本に本文のシールを貼る（『くもりのちはれ　せんたくかあちゃん』福音館書店）

＊**翻訳シール**：1冊に貼る翻訳シールが1セット、冊数分つくられる。

＊毎年、現地の事業計画に基づいて必要冊数を算出。その冊数の翻訳絵本を集めるため、この活動に参加してくれる人を呼びかける。

「絵本ドクター」のチェックがなければ、絵本を現地に届けることはできません。絵本ドクターは現在30人が登録しており、「絵本をさわっているのが好き」「子育てが落ち着いたので、なにかボランティアがしたくて」といったきっかけで、このボランティアに参加していただいています。中には、14年ほどつづけているベテランボランティアもいます。

④船積みの準備

絵本のチェックが終わると、船積みの準備がはじまります。東京事務所の地下の倉庫に集められた絵本のタイトルを1冊ずつチェックしながら、箱詰め作業がおこなわれます。年末の倉庫はとくに寒く、絵本を詰めた箱は重く、力仕事です。

こうして、３００箱ほどの絵本の梱包《こんぽう》が終わると、毎年2月、カンボジア、ラオス、ミャンマー（ビルマ）難民キャンプ、ミャンマー、タイへは船便で、アフガニスタンには航空便で絵本が送られ、春にはアジアの子どもたちに届きます。

東京事務所で翻訳絵本の修正をするボランティア

本を梱包《こんぽう》する

全国の企業の協力を受けています

「絵本を届ける運動」には、企業のみなさんが参加しています。

全国の企業からは、ＣＳＲ（企業の社会的責任）活動*として参加の輪が広がっています。２０１６年には三菱商事株式会社、サントリーグループ、日本郵船株式会社をはじめ70社の社員のみなさんに参加していただきました。70社それぞれがこの「絵本を届ける運動」の意義を理解しており、社員やその家族のみなさんのボランティア参加を促してくださっています。

新しく参加する企業には、シャンティの担当者が事前に訪問し、この運動の意義や実施方法をご説明しています。それでは、いずれも日本を代表する３つの企業のとりくみの様子をご紹介しましょう。

■2万5000冊の絵本をつくった三菱商事のとりくみ

社員一人ひとりが社会貢献に対する意識を高めていくために、昼休みを利用して、社内でできるボランティアプログラムを週に2回ほどおこなっています

＊ＣＳＲ（企業の社会的責任）活動：企業が社会的存在として、環境問題、教育問題などの社会的課題にしかるべき役割を果たしていこうという考え方・行動。

ミャンマー事務所にはじめて絵本が到着

ラオスの子どもたちの手に届いた『おおきなかぶ』（福音館書店）

絵本が届いたアフガニスタン事務所

届いた絵本を喜ぶカンボジア事務所職員

が、「絵本を届ける運動」もそのプログラムの1つです。2005年からはじめて、北海道から九州までの国内6つの拠点で年間約2000冊、すでに累計2万5000冊の絵本をつくっています。

1冊の翻訳絵本を仕上げる所要時間は40分から1時間程度。参加者は手早く昼食を食べ、会議室に集まって作業を進めます。会議室での作業がアジアの子どもたちの力になるボランティア活動は、多くの参加者から好評を得ています。最終ページに現地語と日本語で作業者本人の名前が記入され、貢献の証しが残ることも大きな魅力の1つで、活動継続の理由になっています。

また、社員が自宅で家族と一緒にとりくむ「ファミリーボランティア」には毎回多数の応募があり、この活動がボランティア初体験になったという子どもたちも多くいて、「ボランティアが身近なものに感じられる」「絵本を通じて世界について考えるよい機会になった」と子どもたちからも好評です。

毎年1回、「絵本を届ける運動」の報告会では、シャンティのスタッフが、本を受け取った子どもたちの現地での様子をお話ししています。現地の子どもが絵本に接した喜びをそのままお伝えする報告は、社員のみなさんの「1冊でも多くの絵本を届けたい、さらに協力していきたい」という思いを強めています。

制作ボランティアに参加した三菱商事のみなさん

■利益三分主義を掲げるサントリーグループのとりくみ

サントリーグループには創業以来、事業によって得た利益は「社会への貢献」にも役立てようという「利益三分主義」の精神が根づいており、また、従業員一人ひとりもよき企業市民として社会貢献をおこなうためのボランティア活動への積極的な参加を推奨しています。

同社は、２０１４年から「絵本を届ける運動」に参加。従業員が気軽に参加できるように、昼休みの時間に説明会を開き、実際の作業は自宅でおこなう形をとっています。組合支部研修会や地方拠点の家族会など、全国各地の拠点でも同様の活動を開催しています。

「今までボランティアをしてみたいとは思ったが、ハードルが高いイメージがあり、最初の一歩を踏み出せなかった。会社としてコンテンツを用意してくれたこと、昼休みに気軽にできたことで一歩を踏み出せた」

「会社人として、母としての役目で日々バタバタしていたが、普段と違うことをおこないリフレッシュできた。すこしでも困っている人の役に立っていると実感することで、心にゆとりが生まれたような気がする」

「日々過ごしている空間とはまた別の世界につながる活動で、負担なく、い

現地の説明を受けるサントリーグループの社員のみなさん

つもとは違う視点を気づかせてくれる大切な時間になった」といった感想が寄せられ、ボランティア活動がだれかの役に立っていることが実感されています。従業員一人ひとりが社会に目を向け、多様な価値観にふれ、成長する機会となるよう、引きつづき活動を推進していきます。

■海上輸送の専門家として　日本郵船のとりくみ

2004年度に「絵本を届ける運動」の海上輸送に協力をして以来、絵本の輸送総数は20万冊を超えています。翻訳絵本制作は社内の人気イベントとして根付き、参加者数は延べ1000人を超えています。

日本郵船は、①社員のボランティア活動の推進、②未来の地球社会への投資、③地域社会との共生という3つの柱を社会貢献の活動方針として掲げていて、「絵本を届ける運動」は、企業としての社会貢献と社員のボランティア活動の両輪でとりくめる活動として位置づけられています。翻訳絵本制作はお昼に開催することで、気軽に参加できるため、社長をはじめグループ会社からも男女問わず多くの社員が参加しています。

作業の日には、はじめにシャンティのスタッフから現地の子どもたちの様子

お昼休みに開催されるワークショップは、お弁当を食べながら参加ができる（日本郵船）

などの報告があり、その後、参加者はそれぞれの思いを込めて絵本制作をおこないます。リピーターが多い一方で、毎回はじめて参加する社員もいます。

「実際に自分たちが手伝ってできた本がどのように子どもたちの手に届き、どれだけ喜ばれているかを知ることができてよかった」

「子どもたちが喜んで読んでくれていると思うとこちらも楽しく作業することができた。また機会があれば参加したい」

「子どもたちが絵本を通じて熱心に勉強をし、大人になって活躍していることを聞いて、感動したとともにすごくうれしくなった」

「童心に帰りつつ、幼稚園時代の娘のことを思い出し、ラオスでは当時の娘と同じ年代の子どもたちがこの本を読むのだなと考えながら切り貼りをして、心和むひとときだった」

などの感想が届けられています。

海上輸送をおこなうだけでなく、多くの社員が子どもたちの手元へ届く絵本にシールを貼りサインを書き、直接この活動へ参加できることが「絵本を届ける運動」の魅力です。

絵本貼りワークショップに参加する社員のみなさん（日本郵船）

参加者のみなさんのメッセージ

絵本を届ける運動には、子どもと一緒に、あるいは、昔絵本を読み聞かせてくれていたお母さんと一緒に、職場の同僚や、友人同士、学校の授業で生徒と先生が参加など全国のみなさんが参加しています。

■全国のボランティアのみなさんから届いたたくさんの感想

・職場に「絵本を届ける運動」のパンフレットが送られてきたのは、バングラデシュで日本人の方がテロの犠牲になられた直後でした。心が沈んでいましたが、あの人たちのような社会貢献はできないけど、これならわたしにもできると思い申し込みました。大学生の娘が帰省してくるのを待って、子どもたち（社会人の長男と大学生の娘）が好きだった絵本で作業させていただきました。ありがとうございました。

・「絵本を届ける運動」は、届け先の子どもたちや親だけではなく、そこへ想いをはせながら作業するわたしたちの意識にも、心を柔らかくする作用があると思います。世界のこと、地球のこと、命のこと……視野を広げる時間として「絵本を届ける運動」の活動をつづけたいと思います。

・この絵本が遠い国のこどもたちのもとへ届くのだと想像するとわくわくして、改めて支援活動というのは自分のためにやるようなものだなあ、と思いました。

・このたびは、息子の中学入学を記念し、家族で参加させていただきました。どこの国の文字も、独特で、どうやって覚えるんだろう……。現地の子どもたちの笑顔につながりますように、と思いながら作成しました。

・ビルマ語はなんて書いてあるのかまったくわからなくて、書くこともとても大変でした。でも、現地の言葉にふれることができて、とても楽しかったです。人に元気を届ける絵本の力はとてもすごいと感じました。

第7章 わたしたちにできること

アジアの本を知らない子どもたちが、本を手にすることができるようになるために、わたしたち一人ひとりはなにができるでしょうか。

図書館に行って本を探してみよう

日本の公共図書館、学校図書館には、世界のこと、アジアのこと、日本のことが書かれた本がたくさんあります。アジアの子どもたちは本を通して世界のことを学んでいるように、日本のみなさんも世界のこと、アジアのことを学べる本を読んでみましょう。

図書館では、昔読み聞かせしてもらった絵本を手にとってみるといいかもしれません。アジアの子どもたちと同じように、絵を通して心があたたかくなります。学校の図書館、近所の公立図書館、すこし遠いところにある図書館に行ってみて、世界とつながる本を探してみてください。

そのとき、図書館司書にレファレンス（照会）をお願いしてみるのも有効な手です。たとえば、「アジアの国の文化について書かれている本を教えてほしい」「世界の図書館のことが書かれている本が読みたい」など、目的や希望を伝えれば、きっと、自分では見つけられない、あなたにぴったりな本を探してくれます。

本を読んだら、感想をまとめてみましょう。そして、親や友だちに感想を話してみてください。言葉にすることで、気がつかなかった自分の気持ちを再発見することができます。

また、読書感想文を書いてコンクールに応募してみましょう。毎年、青少年読書感想文全国コンクール*など、読書感想文のコンクールが各地で開催されています。国際協力中学生・高校生エッセイコンテスト*も毎年開催されています。想いが詰まった言葉はきっと世界を変える力になります。行動して感じた気持ちを言葉にして、多くの人に伝えてみませんか。

体験者の話を聞いてみよう

家族や親せき、近所の人、友だち、学校の先生、まわりにいる人に海外に行ったことがある人がいたら、どんな国で、どんなことをしてきたのか、どんなことを見てきたのか聞いてみましょう。きっと、あなたの知らない世界を

＊青少年読書感想文全国コンクール：http://www.dokusyokansoubun.jp/index.html

＊国際協力中学生・高校生エッセイコンテスト：https://www.jica.go.jp/hiroba/program/apply/essay/index.html

知っていると思いますよ。ＮＧＯなどのイベントに参加すると、よりくわしく海外のことや活動のことを知ることができます。

あなたにもできるアクションを探してみよう

身近でできるアクションを紹介しましょう。興味のある活動に参加してみませんか。インターネット、図書館、ボランティアセンターに、気軽に参加できるボランティア活動の情報があります。

①絵本を届ける運動に参加する

わたしたちシャンティがおこなっている日本の絵本に翻訳シールを貼りつける活動です。はさみがあれば、だれでも参加できます。翻訳シールを貼り終わったら、その国の言葉であなたの名前を書きます。家族や友だちと一緒にアジアの本を知らない子どもたちのために、絵本づくりをすることができます。

１セット２５００円の参加費がかかります。

片方なくしてしまったイヤリングや記念コインなど、モノで寄付するとりくみ

②古本やCD、DVD、書き損じはがきなどを集めて寄付をする

読まなくなった本、聞かなくなったＣＤや見なくなったＤＶＤ、書きまちがえたはがきも捨てればただのゴミですが、集めている団体に送るとお金に換えることができます。クラスや仲のよい友だちと集めてみませんか。声をかけるときには、アジアの子どもたちの教育につながることも伝えてみると、参加の輪が広がります。

③広報活動をしてみよう

文化祭や学園祭でのパネル展示、公共施設や会社、学校での資料設置など、アジアの子どもたちの状況を知ってもらえるような広報活動をしてみましょう。

読書会を開いたり、映画を上映したり、ＮＧＯのスタッフをゲストに招いて現地のリアルな情報を聞く講演会を開催してもよいでしょう。展示パネルや映像の貸し出し、教材の提供、講師の派遣をしてくれる団体もたくさんあります。関心のあるテーマを決め、団体に問い合わせましょう。

集まった切手は絵本の郵送費の一部にあてられる

④募金を集めて寄付をする

街頭募金、バザー、チャリティイベントなどで募金を呼びかけてみましょう。1人ではできないことも、仲間がいればできることが広がります。友だちやグループでどんな目的と方法で募金活動をするか話し合い、実践してみましょう。集まった募金は共感する団体に寄付すると、活動資金として有効に活用されます。

⑤アジアの図書館サポーターになってみよう

アジアの図書館の活動を支援するマンスリーサポート制度*があります。サポーターになると、図書館に通う子どもたちからの写真つきメッセージカードや活動報告書が定期的に届きます。

⑥世界一大きな授業に参加してみよう

「世界中の子どもに教育を」を合言葉に、2003年にスタートし、2008年には885万人が参加し、ギネスブックにも登録された「世界一

募金箱

＊アジアの図書館サポーター：1日33円からの寄付で、アジアのまだ本を知らない子どもたちが、本を読む機会を得られるようになる。継続的に海外での活動を支えるとりくみ。〝アジアの図書館サポーター〟で検索。

大きな授業*」です。世界の現状に目を向け、教育の大切さを考えようという地球規模のイベントです。日本でも２０１６年には、７６４校・グループの５万６２６７人が参加しました。

⑦買いものを通した支援

寄付つき商品は、企業がおこなう社会貢献活動の1つです。お菓子やアクセサリー、飲料水などを買うことで寄付することができます。

フェアトレード*は、途上国でつくられる作物や製品を適正な価格で継続的に貿易することによって、生産者の生活を支えるしくみです。コーヒーやバナナ、チョコレートなどの生産地では、過重労働や児童労働などがおこなわれることがあります。過重労働や児童労働では、正当な賃金が払われません。

途上国のお母さんたちが、適正な賃金を受け取ることができれば、子どもたちは働くことなく学校に通えるようになります。わたしたちがフェアトレードの商品を買うことで、アジアの子どもたちが学校に通うことができるようになります。

このようなアクションにチャレンジしたら、家族や友だちにも紹介してみて

＊**「世界一大きな授業」**：世界中のＮＧＯや教職員たちのネットワークを通じて、１００カ国の小・中・高校、大学、専門学校、各種団体などで開催され、同じ授業を受ける。受講後、各国の首相、外務大臣に提言する「レイズ・ユア・ボイス！＝声をあげよう」のとりくみがおこなわれる。

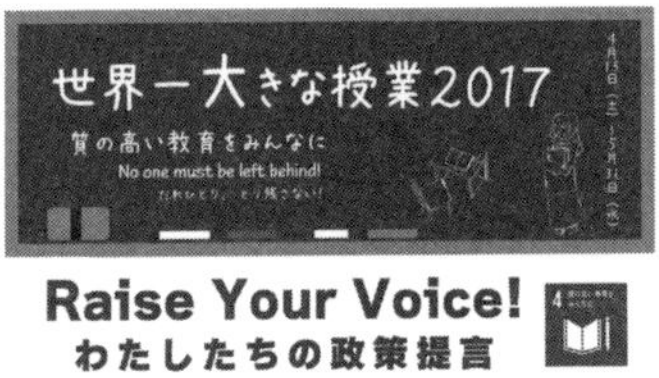

＊**フェアトレード**：公正な貿易という意味。生産に携わっている人びとに労働に見合った賃金が払われるよう、適正な価格で取り引きし、生産者の生活向上を図る活動。

フェアトレードショップ「クラフトエイド」の商品は手仕事でつくられている（タイのモン族の女性）
（撮影：橋本裕貴）

くださぃ。一人ひとりが変われば世界が変わります。一人ひとりが行動することで、まわりも変わります。活動する仲間を増やすことは、あなたの世界を広げることにもつながります。Facebook や Twitter、Instagram などのＳＮＳを通して、アクションの様子を発信し、仲間を募ってみてください。

世界のとりくみ・日本のとりくみ

２０１５年の国連総会で２０３０年を達成期限とする「持続可能な開発目標（Sustainable Development Goals：ＳＤＧｓ）」が採択されました。

このＳＤＧｓは、首脳が参加した国連総会で合意された目標で、国際社会のすべてのメンバーが「貧困削減と環境保全」という人類共通の課題のために努力をしようとするものです。日本ではまだまだ、「持続可能な開発目標」、ＳＤＧｓの存在が知られていないのですが、日本も国連加盟国として目標達成のための努力義務を負っているのです。ＳＤＧｓは17のゴール（目標）と１６９のターゲット（小目標）で構成されています。

国際社会の目標、国の努力義務などというと、わたしたちとは関係がないよ

ＳＤＧｓの17のゴール（目標）

うに思われますが、世界の貧しさや環境の悪化は、地球全体の問題になっていま す。ぜひ、「持続可能な開発目標」（ＳＤＧｓ）のことを知ってください。

ＳＤＧｓの5つの特徴

①「持続可能な開発」とは、「将来の世代がその欲求を満たす能力を損なうことなく現在の世代の欲求を満たす開発」と定義されています。人類社会が「持続」するためには貧困削減と環境保全という２つの課題があるとされています。これを実現するために２つの展望を示しています。

１つ目は、先進国と途上国の間にある格差や国内にある格差の解消、貧困や飢餓《きが》の削減や保健や教育の改善が必要だとされています。

２つ目は、未来の子どもたちが、わたしたちと同じように地球の限られた資源を利用できることです。温暖化や大気汚染の防止、天然資源や生物多様性の保護といった環境問題の解決がこれにあたります。

②「持続可能な開発」は、開発途上国だけでなく先進国も対象にしていま

す。女性の権利、エネルギー、雇用、格差、防災・減災、持続可能な生産と消費といった、日本にも関係がある課題が掲げられています。

③格差解消が、「誰一人取り残さない」というスローガンで重視されています。世界人口の１％の最富裕層が世界中の富の半分を独占しています。世界の大富豪の85人の総資産額は、世界人口の所得下位半分（約35億人）の総資産額に匹敵するとの報告もあります。

④２０１５年までの「ミレニアム開発目標」（ＭＤＧｓ）の教育目標は、初等教育の完全普及とジェンダー格差の解消を目標にしていましたが、ＳＤＧｓでは、乳幼児の教育とケア、中等教育、若者と成人の識字、職業訓練と技術教育というあらゆる段階の教育を対象にして、教育の質の改善や格差の解消を目標にしています。さらに、持続可能な開発のための教育、地球市民教育、人権や多様性についての教育、ジェンダー教育、平和教育の推進も掲げられています。

⑤よい目標を掲げても資金がなければ、「絵に描いた餅」です。途上国は税金を集める能力を向上させて国内資金を増やすこと、先進国は政府開発援助額を国民総所得の0・7%まで増やすことが掲げられています。

日本政府とNGOのとりくみ

日本政府は、すべての大臣で構成される「持続可能な開発目標推進本部」を設置し、2016年に「持続可能な開発目標実施指針」を決定しました。国際協力をSDGsを中心に進めていくことが示されています。途上国の教育を支援すること、とりわけ女子教育の支援を重視するとしていますが、残念ながら教育協力援助額の増額は約束されていません。

一方、開発、環境、貧困、ジェンダー、地方創生、人権保障などの課題にとりくんでいる日本のNGO、NPOは、2016年4月「SDGs市民社会ネットワーク」を設立しました。日本政府の「実施指針」をよりよいものにするための政策提言や、市民や企業に対するSDGsについての啓発活動をおこなうことを課題にしています。

わたしたち「シャンティ国際ボランティア会」は、教育協力NGOネットワーク（JNNE）、開発教育協会（DEAR）を通じて「SDGs市民社会ネットワーク」に参加し、教育課題についての提言をおこなっています。新聞やテレビ、学校の授業などで「持続可能な開発目標」の話題が出たときには、ぜひ注目してください。

あとがきにかえて

本書に登場するオラタイさんのように、図書館で出会った1冊の本がその後の人生を決める道しるべになった子どもたちがいっぱいいます。

それはなによりも本人が困難な状況から抜け出したいという強い気持ちがあったからこそ、どんな環境でもチャンスをつかみ、努力をしつづければ人生を変えることができる。わたしたちは彼ら彼女たちからそう教えられました。

しかし、すべての子どもが自分の人生を見つけられたわけではありません。いまだに、紛争や貧困が理由で、学校に通うことができない子ども、家計を助けるために働きつづけなければいけない子どもが、アジアの国にはたくさんいることも知ってください。最貧国の子どもが学校に行けない割合は最富裕国の子どもの4倍、初等教育を修了できない割合は5割にもなるというユネスコの調査結果があります。そして、教育を受けられずに大人になって待ち受けるきびしい現実。わたしたちにとって想像することがむずかしい状況が、今もアジアの国ぐにでつづいています。

世界の国ぐにには、この状況を見過ごしているわけではありません。２０００

年に教育に関する広範囲にわたる６つのゴールを２０１５年までに達成する計画として「万人のための教育（Education For All）」に１６４カ国が合意し、さまざまなとりくみがおこなわれました。

その結果、学校に通っていない児童および若者の数は、２０００年の時点にくらべおよそ半分に減少しました。さらに、３４００万人の子どもがはじめて学校に行けるようになったのです。文字の読み書きができない人の数も、18％から14％に減りました。これは、人びとが強い気持ちをもちつづけ、あきらめずに行動をつづけた結果です。熱意をもって行動したことで、サポートの輪が広がり、成果につながったともいえます。一人ひとりが行動すれば、そこから新しいつながりが生まれ、どんどん人の輪が広がっていきます。

わたしたちは、「共に生き、共に学ぶ」という姿勢を大切にしています。日本で行動する人たち、アジアの各地の子どもや地域の人たちからも学びつづけることを大切にしています。どうか、みなさんも本を知らない子どもがいなくなる世界が実現できると信じ、一緒に歩んでいただきたいと思います。そして、この本がその一助になれば望外の喜びです。

公益社団法人シャンティ国際ボランティア会　鈴木晶子＋山本英里＋三宅隆史

だから　本は　すばらしい！

本は　いっしょに　どきどきしたり笑ったり
なかよしをます　たのしい　ともだち。
本は　さびしさをなぐさめ　つらい心を
いたわってくれる　やさしい　お母さん。
本は　力のつく栄養と　おいしい食べ物を
上手に　つくってくれる　コックさん。
本は　昔や　外国の　めずらしいことを
おしえてくれる　すてきな先生。
本は　正しいおこないを　はげまし
人の道を　示してくれる　しっかり父さん。

絵本作家　かこさとし

シャンティ国際ボランティア会 SVA のために

© かこさとし 2014

おすすめの本

・『**はじめまして、子どもの権利条約**』（川名はつ子［監修］、東海教育研究所、2017年）
・『**空にむかってともだち宣言**』（茂木ちあき［著］、国土社、2016年）
・『**明日の平和をさがす本——戦争と平和を考える絵本からYAまで300**』（宇野和美／さくまゆみこ／土居安子／西山利佳／野上暁［編著］、岩崎書店、2016年）
・『**ラオス　山の村に図書館ができた**』（安井清子［著］、福音館書店、2015年）
・『**ぼくたちは　なぜ、学校へ行くのか。——マララ・ユスフザイさんの国連演説から考える**』（石井光太［著］、ポプラ社、2013年）
・『**共に生きるということ　be humane**』（緒方貞子［著］、PHP研究所、2013年）
・『**希望への扉　リロダ**』（渡辺有理子［著］、アリス館、2012年）
・『**多文化に出会うブックガイド**』（世界とつながる子どもの本棚プロジェクト［編］、読書工房、2011年）
・『**図書館は、国境をこえる——国際協力NGO30年の軌跡**』（公益社団法人シャンティ国際ボランティア会［編］、教育史料出版会、2011年）
・『**参加型で学ぶ中高生のための世界人権宣言**』（UNESCO［編］、明石書店、2005年）
・『**せかいのひとびと**』（ピーター・スピアー［著］、評論社、1982年）

引用文献・参考文献

・『ライブラリー図書館情報学②図書館概論第2版』（大串夏身・常世田良〔著〕、学文社、2014年）

・『図書館は、国境をこえる』（公益社団法人シャンティ国際ボランティア会〔編〕、教育史料出版会、2011年）

・『ユネスコ学習権宣言と基本的人権』（藤田秀雄〔編著〕、教育史料出版会、2001年）

・『国連子どもの権利条約を読む』（大田堯〔著〕、岩波ブックレットNo.156、1990年）

・「EFAグローバルモニタリングレポート2015概要　すべての人に教育を―2000～2015成果と課題」（EFA Global Monitoring Report Team 著、独立行政法人国際協力機構〈JICA〉、ユネスコ・アジア文化センター〈ACCU〉、教育協力NGOネットワーク〈JNNE〉、2015年）

・「EFAグローバルモニタリングレポート2016概要　人間と地球のための教育」（EFA Global Monitoring Report Team〔著〕、独立行政法人国際協力機構〈JICA〉、ユネスコ・アジア文化センター〈ACCU〉、教育協力NGOネットワーク〈JNNE〉、2016年）

・50TH ANNIVERSARY OF INTERNATIONAL LITERACY DAY: Literacy rates are on the rise but millions remain illiterate

・http://uis.unesco.org/sites/default/files/documents/fs38-50th-anniversary-of-international-literacy-day-literacy-rates-are-on-the-rise-but-millions-remain-illiterate-2016-en.pdf

・国際協力中学生・高校生エッセイコンテスト　2016年度優秀作品
https://www.jica.go.jp/hiroba/program/apply/essay/2016/jhqv8b000000566v-att/h_highest01.pdf

おといあわせ

◆公益社団法人シャンティ国際ボランティア会

1981 年に設立された、アジアで子どもたちへの教育文化支援や緊急救援活動をおこなう NGO です。わたしたちは「教育には人生を変える力がある」と信じすべての子どもたちに教育の機会を届けるため、地域の文化や対話を大切にしながら、図書館活動や学校建設事業をおこなっています。シャンティはサンスクリット語で、「平和、寂静」の意味です。

○活動している地域
タイ、カンボジア、ラオス、ミャンマー（ビルマ）難民キャンプ、アフガニスタン、ミャンマー、ネパールの６カ国７地域。東京事務所が本部、各国・地域にナショナルスタッフを擁する現地事務所を置いて活動。

○海外での活動
図書館整備・運営移動図書館活動、絵本・紙芝居出版、学校建設、教員研修、奨学金事業、スラム教育支援、文化支援、災害救援・復興活動など。

○国内での事業
寄付および募金活動。絵本を届ける運動、クラフトエイドでのフェアトレード製品購入。現地報告会の開催、チャリティ寄席への参加。東京事務所でのインターンシップやボランティアの受け入れなど。

◆アジアの図書館サポーターとしての継続支援

アジアのまだ本を知らない子どもたちに本を届けるためのプロジェクトへの継続的支援です。
寄付月額：1000 円（1 口）から支援ができます。

◆絵本を届ける運動への参加

あなたのつくる翻訳絵本をアジアの子どもたちに届ける活動です。
参加費は 2500 円（絵本と翻訳シールなどのセット）です。

シャンティ国際
ボランティア会
Shanti Volunteer Assoc.

◎資料請求・問い合わせ・入会申し込み

住所：〒160-0015 東京都新宿区大京町 31 慈母会館２、３階
電話：03-5360-1233（代表）
FAX：03-5360-1220
E-mail：pr@sva.or.jp
ホームページ：sva.or.jp

■著者紹介

鈴木晶子（すずき・あきこ）

シャンティ国際ボランティア会東京事務所広報・リレーションズ課課長
岐阜県高山市出身。2005年緊急救援室に入職。国内外の災害支援に従事。2007年よりカンボジア事務所駐在。100をこえる小学校の図書室を整備。2010年よりタイ国境ミャンマー（ビルマ）難民キャンプの図書館事業に携わる。2015年より現職。

山本英里（やまもと・えり）

シャンティ国際ボランティア会東京事務所事務局長兼アフガニスタン事務所所長
静岡県浜松市出身。2001年にインターンとしてタイ事務所に参加。2002年、ユニセフに出向しアフガニスタンで教育復興事業に従事。2003年より、シャンティのアフガニスタン、パキスタン、ミャンマー（ビルマ）難民キャンプ、カンボジア、ネパールでの教育支援、緊急救援に携わる。アジア南太平洋基礎・成人教育協議会（ASPBAE）理事。2019年より現職。

三宅隆史（みやけ・たかふみ）

シャンティ国際ボランティア会ネパール事務所所長
広島県広島市出身。1994年シャンティに入職、海外事業課長、ミャンマー（ビルマ）難民支援事業事務所、企画調査室長、事務局次長、アフガニスタン事務所長、タイ事務所アドバイザーなどを経て、ネパール事務所長、教育協力NGOネットワーク（JNNE）事務局長、開発教育協会理事。教育学博士（上智大学）。2017年より現職。

わたしは10歳、本を知らずに育ったの。
――アジアの子どもたちに届けられた27万冊の本

2017年12月25日　第1刷発行
2021年　8月25日　第2刷発行

編　　者　公益社団法人シャンティ国際ボランティア会
著　　者　鈴木晶子＋山本英里＋三宅隆史
発 行 者　坂上 美樹
発 行 所　合同出版株式会社
東京都小金井市関野町1-6-10
郵便番号　184-0001
電話　042（401）2930
振替　00180-9-65422
ホームページ　https://www.godo-shuppan.co.jp/
印刷・製本　株式会社シナノ

■刊行図書リストを無料進呈いたします。
■落丁・乱丁の際はお取り換えいたします。

本書を無断で複写・転訳載することは、法律で認められている場合を除き、著作権及び出版社の権利の侵害になりますので、その場合にはあらかじめ小社宛てに許諾を求めてください。
ISBN978-4-7726-1338-5　NDC360　210×148
© 公益社団法人シャンティ国際ボランティア会，2017